Reports on People's
Livelihood in Guangdong
Province 2012

广东民生报告 2012

中山大学社会科学调查中心
中山大学城市社会调查中心 编

李超海 主编

社会科学文献出版社
SOCIAL SCIENCES ACADEMIC PRESS（CHINA）

目　录

第一篇　社会

第二篇　家庭

第三篇 个体

前　言

　　《广东民生报告：2012》是自《广东民生报告：2009》发布以来的第四本广东民生报告，前三本民生报告是基于中山大学社会科学调查中心与北京大学中国社会科学调查中心合作开展的"中国家庭动态跟踪调查"（广东地区）数据完成的。2011年，在中山大学三期"985"的支持下，中山大学启动了"中山大学特色数据库——中国劳动力动态调查"，《广东民生报告2012》是基于2011年在广东开展的试调查数据完成的。

　　"2011年中国劳动力动态调查（广东试调查）"使用了2008年与北京大学社会科学调查中心合作开展的"中国家庭动态跟踪调查"的样本框，即按照与区县的人口数成比例的系统PPS抽样方式抽取了广州市、深圳市、东莞市、惠州市、肇庆市、揭阳市、韶关市和阳江市8个区县的样本；在样本区县或样本街道乡镇的村居抽样框中，以村居的人口数为辅助变量，按照与村居或街道乡镇人口数成比例的系统PPS抽样方式抽取了18个村委会样本和14个居委会样本；在入选的样本村居中，利用村级调查地图得到的住户列表清单制作末端抽样框，按照随机起点的循环等距抽样方式抽取25个家庭户样本，进而抽取了800个家庭户样本。本次调查共获取有效问卷3077份，其中社区问卷32份，家庭问卷799份，劳动力问卷1635份，家庭外出成员问卷611份。

　　《广东民生报告：2012》试图通过对社区、家庭、成年个体三个层次的调查数据分析，描述广东民生的基本状态和发展趋势。

第一篇

社　会

第一章
社会发展概况

第一节　地理区位

2012 年广东民生课题总共调查了 18 个村和 14 个城市社区。从地貌上来看，18 个村中有 6 个属于平原，8 个地处丘陵，4 个位于山区；14 个城市社区中有 11 个属于平原，2 个地处丘陵，1 个位于山区。从地理区位来看，18 个村中有 6 个位于大中等城市郊区，非大中等城市郊区的村庄有 12 个；14 个城市社区中有 5 个位于大中等城市郊区，非大中等城市郊区社区有 9 个。从区位中心度来看，18 个村中有 3 个村是乡镇府所在地，其他村均非本地乡镇府驻地。此次调查的村行政面积平均为 12.1 平方公里（标准差为 23.1 平方公里），最小为 0.4 平方公里，最大为 96 平方公里，除最大的 96 平方公里之外，其他的被调查村均在 18 平方公里以下。

此外，城市社区的环境与设施还具有以下特征：1 个社区辖区内有农田，13 个社区没有；2 个社区存在弥漫异味/怪味的情况，12 个社区没有；6 个社区辖区内有较大的噪声，8 个社区没有；11 个社区的交通道路有路灯，3 个没有；7 个社区辖区内有健身设施，7 个没有；2 个社区辖区内有游手好闲的人，12 个社区没有；14 个社区辖区内下水道井盖完好且完备；按照社区容貌"从很乱到很整洁分别赋 1～10 分"来看，14 个社区的社区容貌平均得分为 5.71 分（标准差为 1.79 分），得分最高为 8 分，最低为 4 分，这表明被调查社区的容貌不好也不差；14 个社区的绿化覆盖率平均为 32.6%（标准差为 24.1%），最高为 80.0%，最低为 5.0%，这表明被调查社区绿化情况较差。

农村的环境与设施还具有以下特征：18 个村均表示所在地不存在

异味/怪味；8个村的交通道路有路灯，10个村没有；4个村有健身设施，14个村没有；2个村有较多游手好闲的人，16个村没有；按照村貌"从很乱到很整洁分别赋1~10分"来看，18个村的村貌平均得分为6.39分（标准差为1.54分），得分最高为9分，最低为3分，这表明被调查村的容貌较为整洁；18个村的绿化覆盖率平均为60.7%（标准差为31.7%），最高为100.0%，最低为8.0%，这表明被调查村的绿化情况较好；18个村的交通道路硬化比例平均为67.0%（标准差为28.5%），最高为100.0%，最低为20.0%，这表明被调查村的道路硬化情况较好。

第二节 人口结构

一 人口特征

本次调查的32个村/城市社区的平均户数为2624户，各村/城市社区的平均总人口数为13020人。平均户籍人口为3559人，平均非本地户籍人口为935人，平均非本地户籍常住人口为5802人。

城市与农村样本的比较情况见表1-1。本次调查的18个村平均户数为604户。截至2011年，各个村平均总人口数为5588人，最少为962人，最多为55366人；被调查的14个城市社区平均户数为4644户，截至2011年，各个城市社区平均总人口数为20451人，最少为3800人，最多为97100人。

表1-1 城乡基本人口特征比较

单位：户，人

基本人口特征	城市			农村		
	平均值	标准差	中位值	平均值	标准差	中位值
总户数	4644	5701	2308	604	325	475
总人口数	20451	26911	9504	5588	12531	2189
2010年出生人口数	133	241	52	26	24	15
2010年死亡人口数	18	16	12	16	10	14
户籍人口数	4715	3299	4142	2403	1549	1876
非本地户籍人口数	1334	1428	766	535	518	350
常住本地非户籍人口数	8415	15424	4205	3188	12583	40

城乡人口出生、死亡和残疾人、精神病人情况如表 1 - 2 所示。2010 年城市平均出生人数为 133 人，死亡人数平均为 18 人，其中自然死亡人数平均为 17 人，自杀身亡人数平均为 1 人；2010 年农村平均出生人数为 26 人，死亡人数平均为 16 人，其中自然死亡人数平均为 16 人，无一人是自杀身亡。截至调查时间，城市平均有残疾人数为 41 人，精神病人数为 10 人，其中精神病人在家养病人数为 10 人，无一精神病人入院治疗；农村平均有残疾人数为 24 人，精神病人数为 6 人，其中精神病人在家养病人数平均为 6 人，无一精神病人入院治疗。

表 1 - 2　城乡人口出生、死亡和残疾人、精神病人情况

单位：人

基本人口特征	城市			农村		
	平均值	标准差	中位值	平均值	标准差	中位值
2010 年出生人口数	133	241	52	26	24	15
2010 年死亡人口数	18	16	12	16	10	14
自然死亡人数	17	16	10	16	10	13
自杀身亡人数	1	1	0	0	0	0
残疾人数	41	27	29	24	20	19
精神病人数	10	6	9	6	7	4
精神病人入院治疗人数	0	0	0	0	0	0
精神病在家养病人数	10	6	9	6	9	3

二　人口构成

在被调查的 18 个村中，截至 2011 年，平均有非农户籍人口 141 人，最多的一个村有非农户籍人口 930 人。从 18 个村人口构成来看，汉族人口占总人口的比例平均为 99.5%，其中有 12 个村全由汉族人口组成，少数民族人口占总人口的比例平均为 0.46%。

三　姓氏与宗族

姓氏、宗族是中国农村社会最为重要的基本要素。本次调查考察了广东省农村的姓氏和宗族情况。调查显示，平均每个村都有 2 个大姓，最多的有 4 个大姓，此外有 1 个村表示没有大姓。在有大姓的 17 个村中，第一大姓氏为林姓和张姓，各占 3 个村，其中第一大姓占总人口比例的平均值为

54.6%；第二大姓为陈姓和伍姓，各占 2 个村，其中第二大姓占总人口比例的平均值为 19.3%；第三大姓占总人口的平均值为 14.3%。被调查的 18 个村中有 14 个建有家族祠堂，平均每个村有 6 个家族祠堂，最多的村有 16 个家族祠堂。由此可见，宗族是广东农村社会的重要组成元素。

如表 1-3 所示，分别有 14.3% 的城市社区和 61.1% 的农村有宗祠、祠堂，城市社区平均有 1 座，其中到居委会最近距离平均为 7.02 公里，农村平均有 9.18 座；分别有 14.3% 的城市社区和 11.1% 的农村有教堂，城市社区只有 2 个居委会分别有 1 座教堂，到居委会最近距离平均为 12 公里，农村平均有 1 座教堂；分别有 7.1% 的城市社区和 55.6% 的农村有寺庙，城市社区平均每个居委会有 1 座寺庙，到居委会最近距离为 18.5 公里，农村平均有 1.6 座寺庙；分别有 21.4% 的城市社区和 66.7% 的农村有土地祠/神龛，城市社区平均每个居委会有 1.3 个，农村平均有 7.33 个；44.4% 的农村有宗亲活动或祭祀活动，平均每年有 1.13 次。此外，清真寺、道观和宗教集体活动在广东城乡很少见。

表 1-3　城乡宗族祭祀场所情况

场所类别	城市			农村	
	占比（%）	最短距离平均值（公里）	平均值（座）	占比（%）	平均值（座）
宗祠、祠堂	14.3	7.02	1	61.1	9.18
宗亲活动或祭祀活动	—	—	—	44.4	—
教堂	14.3	12.00	0	11.1	1.00
清真寺					
寺庙	7.1	18.50	1	55.6	1.60
道观					
土地祠/神龛	21.4	0.84	1.3	66.7	7.33
宗教集体活动	—	—	—	—	—

第三节　农村环境、交通与文化教育设施

一　农村基础文化教育、交通设施

调查结果显示，7 个（38.9%）村有幼儿园，平均有 1.43 所，最多一

个村有 2 所,最少也有 1 所;总校舍面积平均为 1496.4 平方米(标准差为 1590.6 平方米),最大为 3996 平方米,最小为 160 平方米;总教师人数平均为 13.7 人(标准差为 9.5 人),最多为 25 人,最少为 4 人;总学生人数平均为 258.1 人(标准差 214.9 人),最多为 700 人,最少为 40 人;在没有幼儿园的村中,距离村委会最近的一所幼儿园平均有 4.38 公里(标准差为 4.39 公里),最远距离村委会 13 公里,最近距离村委会 1 公里。

15 个(83.3%)村有小学,平均为 1.07 所(标准差为 0.258 所),最多有 2 所,最少有 1 所;总校舍面积平均为 2667.2 平方米(标准差为 2840.7 平方米),最大为 8500 平方米,最小为 150 平方米;总教师人数平均为 21.7 人(标准差为 22.9 人),最多为 100 人,最少为 6 人;总学生人数平均为 488.6 人(标准差为 751.9 人),最多为 3000 人,最少为 50 人;在没有小学的村中,距离村委会最近的一所幼儿园平均有 0.75 公里(标准差为 0.35 公里),最远距离村委会 1 公里,最近距离村委会 0.5 公里。

1 个(5.6%)村有初中,其余 17 个村均没有初中。

17 个(94.4%)村有卫生室,平均每个村有 1.82 所卫生室(标准差为 0.809 所),最多的一个村有 3 所,最少的也有 1 所;医生总人数平均为 7.7 人(标准差为 19.4 人),最多有 82 人,最少的只有 1 人。

11 个(61.1%)村有公交站点,平均每个村有公交站点 3.82 个(标准差 8.69 个),最多有公交站点 30 个,最少为 1 个;8 个(44.4%)村有购买衣服、鞋的场所,平均每个村有 6.5 个(标准差为 6.024 个),最多有 20 个,最少有 1 个;4 个(22.2%)村有购买彩电的场所,平均每个村有彩电购买点 3.75 个(标准差为 2.36 个),最多有 7 个,最少有 2 个;12 个(66.7%)村有公共垃圾环卫设施,平均每个村有公共垃圾环卫设施 4.45 个(标准差为 4.13 个),最多有 12 个,最少有 1 个;11 个(61.1%)村有公共娱乐场所,平均每个村有 1.91 个(标准差为 1.81 个),最多有 7 个,最少有 1 个;14 个(77.8%)村有图书室,平均每个村有 1.07 个(标准差 0.267 个),最多有 2 个,最少有 1 个(见表 1-4)。

调查结果还表明,被调查村庄到县城/区政府的平均距离为 17.7 公里(标准差 14.2 公里),最远距离为 40 公里,最近距离为 0.7 公里;被调查村到乡镇政府/街道的平均距离为 4.77 公里(标准差为 3.46 公里),最远距离为 13 公里,最近距离为 0.5 公里。

表 1 - 4　农村基础设施情况

设施类别	频率（个）	占比（%）	平均值（所/个）	标准差（所/个）	最小值（所/个）	最大值（所/个）
幼儿园	7	38.9	1.43	0.535	1	2
小学	15	83.3	1.07	0.258	1	2
初中	1	5.6	1.00	0	1	1
卫生室	17	94.4	1.82	0.809	1	3
公交站点	11	61.1	3.82	8.693	1	30
购买衣服、鞋的场所	8	44.4	6.50	6.024	2	20
购买彩电的场所	4	22.2	3.75	2.363	2	7
公共垃圾环卫设施	12	66.7	4.45	4.132	1	12
公共娱乐场所	11	61.1	1.91	1.814	1	7
图书室	14	77.8	1.07	0.267	1	2

二　农村环境

调查结果表明，18 个村中有 5 个（27.8%）村存在环境污染的问题，其中有 4 个村分别存在空气污染和水污染，有 1 个村存在土壤污染。

第四节　基层组织建设

一　村/居委会选举情况

调查结果表明，由村民海选产生城市居委会成员候选人的比例为 57.1%，农村村委会成员候选人为 83.3%；由上级指派/推荐候选人产生城市居委会成员候选人的比例为 35.7%，农村村委会成员候选人为 5.6%；同级指派/推荐候选人产生城市居委会成员候选人的比例为 7.1%，农村村委会成员候选人为 11.1%。可见，村委会成员海选比例比居委会成员海选比例高 26.2 个百分点，农村村委会成员选举的民主程度要高于城市居委会成员。

城市居委会从候选人中直接选举成员的比例为 28.6%，由村民代表选举的比例为 71.4%；农村村委会从候选人中直接选举成员的比例为 88.9%，由村民代表选举的比例为 11.1%。可见，农村村委会直接选举候选人成为成员的比例，比城市居委会直接选举候选人成为成员的比例高 60.3 个百分点，这表明农村村委会委员选举的民主化程度要高于城市居委会委员。

城市居委会第一次选举最早是在 1996 年，最晚是在 2008 年，众数是

2002 年，有 4 个居委会是在 2002 年进行第一次选举；农村村委会第一次选举最早是在 1996 年，最晚是在 2002 年。

城市居委会最近一次选举是在 2010 年，14 个居委会均在 2010 年完成选举；农村村委会有 1 个村的最近一次选举是在 2010 年，有 17 个村最近一次选举是在 2011 年（见表 1 - 5）。

表 1 - 5 村/居委会选举情况

类别	选项	城市		农村	
		数量（个）	占比（%）	数量（个）	占比（%）
村/居委会候选人	村民海选产生	8	57.1	15	83.3
	上级指派/推荐候选人	5	35.7	1	5.6
	同级指派/推荐候选人	1	7.1	2	11.1
	合　计	14	100.0	18	100.0
村/居委会成员选举	村民直接选举	4	28.6	16	88.9
	村民代表选举	10	71.4	2	11.1
	合　计	14	100.0	18	100.0
村/居委会第一次选举时间	1996 年	1	7.7	1	5.6
	1997 年	1	7.7	—	—
	1998 年	1	7.7	6	33.3
	1999 年	1	7.7	9	50.0
	2000 年	2	15.4	—	—
	2002 年	4	30.8	2	11.1
	2003 年	1	7.7	—	—
	2005 年	1	7.7	—	—
	2008 年	1	7.7	—	—
	合　计	13	100.0	18	100.0
村/居委会最近选举时间	2010 年	14	100.0	1	5.6
	2011 年	—	—	17	94.4
	合　计	14	100.0	18	100.0

此外，在最近一次村委会选举中，最后一轮村主任候选人平均为 2.5 人（平均值为 3.3 人），最多的村委会候选人有 15 人，最少为 1 人，众数为 2 人，11 个村的主任候选人为 2 人；候选人平均得票率为 70.1%（标准差为 22.7%），最高为 98.0%，最低为 5.0%；其他两位候选人得票率分别平均为 32.5% 和 5.8%；2010 年，18 个村平均举行了 5.9 次村民代表大会/村民大会（标准差为 3.9 次），最多为 13 次，最少为 2 次。在最近的一次居委会选举中，

最后一轮居委会主任候选人平均为 2 人（标准差为 0.4 人），最多为 3 人，最少为 1 人；众数为 2 人，有 12 个居委会主任候选人为 2 人；候选人得票率平均为 94.3%（标准差为 5.4%），最高为 100.0%，最低为 80.0%；其他 2 位候选人得票率分别为 22.0% 和 25.5%。可见，在最后一轮候选人选举中，农村村委会候选人的平均得票率要比城市居委会候选人低 24.2 个百分点。

二 村/居委会工作人员与主任情况

城市社区平均有 201 位党员（标准差为 284 人），最多有 1001 人，最少有 23 人；居委会平均有 9 位正式成员（标准差 9 人），最多有 40 人，最少的居委会正式成员为 0 人；平均聘用工作人员 6 人（标准差 13 人），最多为 44 人，最少的居委会没有聘用工作人员；平均每个居委会专职设工人数为 2 人（标准差为 5 人），最多为 20 人，最少的居委会没有专职社工。

农村社区平均有 62 位党员（标准差为 32 人），最多有 155 人，最少有 25 人；村委会平均有 11 位正式成员（标准差为 24 人），最多有 108 人，最少为 2 人；平均聘用工作人员 17 人（标准差为 61 人），最多为 260 人，最少的村委会没有聘用工作人员；平均每个村专职社工人数为不到 1 人，最多为 2 人，最少的村委会没有专职社工。

村/居委会主任的基本情况如表 1-6 所示：村/居委会主任和村党支部书记以男性为主，农村尤为明显。18 个村中分别只有一个女村委会主任和女党支部书记，14 个居委会主任中，男居委会主任有 9 人，占 64.3%，女居委会主任有 5 人，占 35.7%。

村/居委会主任和村党支部书记的年龄集中在 47~48 岁之间，城市居委会主任的平均年龄为 47.1 岁，农村村委会主任为 48.7 岁，村党支部书记为 48.9 岁。

一半以上的村/居委会主任和村党支部书记于 2011 年任现职，且任职年限普遍为 3 年。7 位（50.0%）居委会主任于 2011 年任现职，有 13（92.9%）位居委会主任担任现职已有 3 年，1 位居委会主任任现职为 1 年；分别有 11（61.1%）位村委会主任和村党支部书记于 2011 年任现职，分别有 15（93.8%）位村委会主任和 14（93.3%）位村党支部书记任职年限为 3 年，此外，各有 1 位村委会主任和 1 位村党支部书记任职年限为 15 年。

居委会主任的教育程度普遍高于村委会主任和村党支部书记，一半（7 位）居委会主任是大学生（含专科与本科）。在 14 位居委会主任中，有 1 位本科生，占 7.1%，6 位大专生，占 43.9%，7 位是高中生，占 50.0%；在 18 位村委会主

任中，7 位初中生，占 38.9%，6 位高中生，占 33.3%，5 位职高/中专生，占
27.8%；在 18 位村党支部书记中，有 1 位文盲，占 5.9%，有 5 位初中生，占
29.4%，有 6 位高中生，占 35.3%，有 5 位职高/中专生，占 29.4%。

村/居委会主任绝大部分是中共党员，村党支部书记均为中共党员。此
外，非本社区户籍且担任居委会主任的比例为 28.6%，拥有本社区户籍的
居委会主任占 71.4%。

表 1-6　村/居委会主任情况

选项		居委会主任		村委会主任		村支部书记	
		数量（个）	占比（%）	数量（个）	占比（%）	数量（个）	占比（%）
性别	男	9	64.3	17	94.4	17	94.4
	女	5	35.7	1	5.6	1	5.6
平均年龄		47.1 岁（10.2 岁）		48.7 岁（8.6 岁）		48.9 岁（8.5 岁）	
上任时间	1996 年	—	—	2	11.1	3	16.7
	1999 年	—	—	1	5.6	—	—
	2002 年	1	7.1	2	11.1	—	—
	2003 年	1	7.1	—	—	—	—
	2004 年	—	—	—	—	1	5.6
	2005 年	—	—	1	5.6	1	5.6
	2006 年	1	7.1	—	—	—	—
	2007 年	1	7.1	—	—	—	—
	2008 年	2	14.3	1	5.6	2	11.1
	2009 年	1	7.1	—	—	—	—
	2011 年	7	50.0	11	61.1	11	61.1
任期年限	1 年	1	7.1	—	—	—	—
	3 年	13	92.9	15	93.8	14	93.3
	15 年	—	—	1	6.3	1	6.7
教育程度	文盲	—	—	—	—	1	5.9
	初中	—	—	7	38.9	5	29.4
	高中	7	50.0	6	33.3	6	35.3
	职高/中专	—	—	5	27.8	5	29.4
	大专	6	42.9	—	—	—	—
	本科	1	7.1	—	—	—	—
政治面貌	共产党员	13	92.9	16	94.1	18	100.0
	群众	1	7.1	1	5.9	0	0
户籍	本社区户籍	10	71.4	—	—	—	—
	非本社区户籍	4	28.6	—	—	—	—

注：括号里面的数字是标准差。

城市居委会办公面积平均为 260.4 平方米（标准差为 432.1 平方米），最大为 1600 平方米；农村村委会办公面积平均为 2596.1 平方米（标准差为 9341.7 平方米），最大为 40000 平方米，最小为 100 平方米。

2010 年，城市居委会的办公经费平均为 8.4 万元（标准差为 27.8 万元），最多为 105 万元；其中上级财政支付平均为 8.9 万元（标准差为 28.9 万元），最多为 105 万元。这表明，城市居委会的办公经费基本由上级财政支付。2010 年农村村委会的办公经费平均为 45.5 万元（标准差为 124.2 万元），最高为 438 万元，最低为 0.5 万元；其中上级财政支付平均为 0.62 万元（标准差为 0.94 万元），最高为 3.4 万元，最低为 0 元。

三 村/居务公开

调查结果表明，城乡财务信息公开情况较好。居委会一月两次及以上进行财务信息公开的比例为 30.8%，一月一次的比例为 23.1%，一季度一次的比例为 30.8%，很少/从不公开的比例为 15.4%；村委会一月一次进行财务信息公开的比例为 88.2%，一季度一次的比例为 11.8%。

城乡政务信息公开情况较好。居委会和村委会一月两次及以上公开政务信息的比例分别为 22.2% 和 5.6%，居委会和村委会一月一次公开政务信息的比例分别为 44.4% 和 55.6%，居委会和村委会一季度一次公开政务信息的比例分别为 33.3% 和 16.7%，村委会一年一次公开政务信息的比例为 22.2%。村/居委会均不存在很少/从不公开政务信息的情况。

宣传栏/黑板报是城乡进行信息发布的最重要渠道。被调查的 14 个居委会和 18 个村委会均选择通过宣传栏/黑板报发布信息。此外，居委会选择利用传单发布信息的比例较高，有 71.4% 的居委会倾向于用传单发布信息（见表 1 - 7）。

城市社区社会组织的覆盖比例和普及程度要高于农村社区。在第一重要社会组织中，城乡社区拥有娱乐艺术团体的比例分别为 35.7% 和 16.7%，拥有体育锻炼团体的比例分别为 14.3% 和 16.7%，拥有老人协会的比例为 14.3% 和 16.7%，城市社区拥有宗教类团体的比例为 21.4%，农村社区拥有业主委员会的比例为 5.6%。此外，城乡社区拥有其他社会组织的比例分别为 14.3% 和 44.4%。

在第二重要社会组织中，城乡社区拥有娱乐艺术团体的比例分别为 28.6% 和 5.6%，拥有体育锻炼团体的比例分别为 21.4% 和 5.6%，拥有老人协会的比例分别为 35.7% 和 5.6%，此外，分别有 5.6% 的农村社区拥有宗教团体、知识学习类团体和业主委员会。

表 1 - 7　村/居委会信息公开情况

选项		城市		农村	
		数量（个）	占比（%）	数量（个）	占比（%）
财务信息公开频率	一月两次及以上	4	30.8	—	—
	一月一次	3	23.1	15	88.2
	一季度一次	4	30.8	2	11.8
	很少/从不公布	2	15.4	—	—
	合　计	13	100.0	17	100.0
政务信息公开频率	一月两次及以上	2	22.2	1	5.6
	一月一次	4	44.4	10	55.6
	一季度一次	3	33.3	3	16.7
	一年一次	—	—	4	22.2
	合　计	9	100.0	18	100.0
信息发布途径	宣传栏/黑板报	14	100.0	18	100.0
	传单	10	71.4	3	16.7
	广播	1	7.1	4	22.2
	村网站	0	0	3	16.7
	短信平台	3	21.4	3	16.7
	电话	4	28.6	—	—
	其他	8	57.1	1	6.7

在第三重要社会组织中，城乡社区拥有娱乐艺术团体的比例分别为7.1%和5.6%，拥有知识学习类团体的比例分别为7.1%和5.6%，拥有宗教团体的比例分别为7.1%和5.6%，此外，城市社区有体育锻炼团体和老人协会的比例分别为14.3%（见表1-8）。

表 1 - 8　城乡社区社会组织分布情况

第一重要社会组织			第二重要社会组织			第三重要社会组织		
选项	城市（%）	农村（%）	选项	城市（%）	农村（%）	选项	城市（%）	农村（%）
娱乐艺术团体	35.7	16.7	娱乐艺术团体	28.6	5.6	娱乐艺术团体	7.1	5.6
体育锻炼团体	14.3	16.7	体育锻炼团体	21.4	5.6	知识学习类团体	7.1	5.6
老人协会	14.3	16.7	老人协会	35.7	5.6	宗教团体	7.1	5.6
宗教类团体	21.4	—	宗教团体	—	5.6	体育锻炼团体	14.3	—
业主委员会	—	5.6	知识学习类团体	—	5.6	老人协会	14.3	—
其他	14.3	44.4	业主委员会	—	5.6	其他/缺失值	50.1	83.3
合　计	100.0	100.0	其他/缺失值	14.3	66.7	合　计	100.0	100.0
			合　计	100.0	100.0			

第五节　农村历史变迁

一　自然灾害

大部分村庄在近 100 年以来遭遇过自然灾害，洪涝和台风是最常见的自然灾害类型。15 个（83.3%）村曾遭遇自然灾害，只有 3 个（16.7%）村庄没有遭遇自然灾害。从遭遇自然灾害类型的分布情况来看，9 个（60.0%）村遭遇过洪涝，4 个（26.7%）遭遇过台风，各有 1 个（6.7%）村遭遇过地震和其他自然灾害（见表 1-9）。

大多数严重的自然灾害发生在新中国成立以来的年份。各有 6 次（42.9%）最严重的自然灾害发生在 1978 年前和 1978 年后，只有 2 次最严重的自然灾害发生在 1949 年前。1978 年以后出现的自然灾害主要集中在 1980 年、1994 年、1996 年、2002 年、2003 年和 2008 年。最近发生的自然灾害主要集中在 2007 年、2008 年和 2011 年。

表 1-9　自然灾害类型

灾害类型	数量（个）	占比（%）	灾害类型	数量（个）	占比（%）
洪涝	9	60.0	其他	1	6.7
台风	4	26.7	合　计	15	100.0
地震	1	6.7			

二　人口变迁

没有一个村在最近 5 年里经历过大规模"农转非"的人口变迁过程，经历较大规模的人口流动情况的村庄也较少。3 个（16.7%）村出现过较大规模的人口流动情况，人口较大规模的流动分别出现在 1997 年、2002 年和 2006 年，其中 2 个村经历了人口迁出流动，1 个村同时经历了人口迁入和迁出流动。从人口流动原因来看，1 次是政策性移民，其他 2 次是其他原因移民。近 5 年来，18 个村全家迁走的平均户数为 12.6 户（标准差为 278 户），最多的一个村整家迁走了 120 户。

三　基础设施

村内基础设施情况如下：15 个村 1978 年前通电，3 个村是 1979～1989 年通电；13 个村是 1978 年前通路，1 个村是 1979～1989 年通路，各有 1 个村是 1992 年、2000 年和 2002 年通路；5 个村是 1978 年前通电话，5 个村是 1979～1989 年通电话，各有 1 个村在 1990 年、1992 年、1993 年、1994 年、1995 年和 1997 年通电话；2 个村是在 1978 年前通自来水，5 个村是在 1979～1989 年通自来水，各有 1 个村是在 1990 年、1995 年、2002 年通自来水；4 个村在 1978 年以前通有线电视，4 个村是在 1994 年通有线电视，2 个村是在 1996 年通有线电视，各有 1 个村在 1990 年、1993 年、1995 年、1998 年和 2000 年通有线电视；2 个村在 1979～1989 年建集贸市场，各有 1 个村在 1992 年、1996 年建农贸市场；各有 1 个村在 1978 年前、1991 年、1998 年和 2001 年建了幼儿园，3 个村是在 2002 年建了幼儿园；14 个村是 1978 年前建了小学，各有 1 个村是 1979～1989 年、1991 年建了小学；10 个村是在 1978 年前建了祠堂，各有 1 个村是 1991 年和 1997 年建了祠堂；14 个村是 1978 年前兴修了水利设施，此后没有一个村兴修过水利设施；7 个村在 1978 年前建了私人诊所，3 个村在 1979～1989 年建了私人诊所，2 个村在 1993 年建了私人诊所，各有 1 个村在 1990 年和 1992 年建了私人诊所；11 个村在 1978 年前建了公共卫生站，各有 1 个村在 1990 年、1993 年、1995 年和 2001 年建了公共卫生站；9 个村在 1978 年前建了运动场所，各有 1 个村在 1990 年、1993 年和 2001 年建了运动场所；分别有 2 个村在 1978 年前、1996 年建了娱乐场所，各有 1 个村在 1979～1989 年、1990 年、2001 年建了娱乐场所。

村外基础设施情况如下：6 个村在 1978 年前建了初中，各有 1 个村在 1979～1989 年、1990 年和 1992 年建了初中；各有 1 个村在 1978 年前、1979～1989 年建了矿厂；7 个村在 1978 年前建了信用社，3 个村在 1979～1989 年建了信用社，各有 1 个村在 1994 年和 1998 年建了信用社；各有 2 个村在 1978 年前、1993 年建了农业银行，各有 1 个村在 1979～1989 年、1990 年和 1991 年建了农业银行；4 个村在 1978 年前建了邮政储蓄银行，3 个村在 1979～1989 年建了邮政储蓄银行，各有 1 个村在 1991 年、1992 年、1993 年和 2000 年建了邮政储蓄银行；2 个村在 1978 年前建了教堂，1978 年以后没有一个村建过教堂；9 个村在 1978 年前建了寺庙，1 个村在 1999 年建了寺庙。

公共基础设施情况如下：5 个村在 1978 年前进行了封山育林，2 个村在 1979 ~ 1989 年进行了封山育林，1 个村在 1993 年进行了封山育林；5 个村在 1978 年前进行过土壤改造，1978 年以后没有一个村进行过土壤改造；4 个村在 1978 年前进行了退耕还林，1978 年以后没有一个村进行过退耕还林。

第二章
经济发展概况

第一节　农村经济发展

一　农村劳动力情况

调查结果表明，18 个村平均有 15～64 岁的劳动力人口数量为 4140 人，常年留在村里的劳动力平均为 1859 人，常年在村劳动力平均值占总劳动人口数量平均值的 44.9%，也即有一半以上的农村劳动力常年外出务工。常年在村劳动力从事农林牧副渔业的比例平均为 45.4%，从事工业的比例平均为 38.5%，从事服务业的比例平均为 16.1%，常年在外务工劳动力平均为 441 人，季节性外出务工劳动力为 162 人（见表 2－1）。

表 2－1　农村劳动力情况

项目	平均值	标准差
15～64 岁劳动人口数量(人)	4140	11432
常年在村劳动力数量(人)	1859	4074
其中:从事农林牧副渔业的比例(%)	45.4	41.5
从事工业的比例(%)	38.5	32.1
从事服务业的比例(%)	16.1	20.8
常年(8 个月以上)外出务工人口数量(人)	441	512
季节性外出务工人口数量(人)	162	245
2010 年因外出务工致残人数(人)	0.39	1.2
2010 年因外出务工致职业病人数(人)	0.28	1.2

此外，2010 年 18 个村因外出务工致残平均不到 1 人，分别有 2 个村各有 1 人因外出务工致残，1 个村有 5 个人因外出务工致残；2010 年因外出务工导致职业病的平均人数也不到 1 人，只有 1 个村有 5 人因外出务工导致职业病。

二 农村产业结构

调查结果显示，2010 年，18 个村的农林牧副渔业总收入平均为 814.9 万元，最高为 4039.9 万元，18 个村的非农业总收入平均为 1079.9 万元，最高为 6195.0 万元。此外，18 个村平均有企业 21 家，最多为 170 家，其中平均有集体企业 2 家，最多 1 个村有 25 家集体企业；平均有私营企业 17 家，最多 1 个村有 115 家；平均有"三资"企业 5 家，最多 1 个村有 55 家；平均有港澳台企业不到 1 家，最多 1 个村有 4 家（见表 2 - 2）。

表 2 - 2 农村企业结构

项目	平均值	标准差
2010 年本村农林牧副渔业总收入（万元）	814.9	1190.7
2010 年本村非农业总收入（万元）	1079.9	2080.7
本村企业数量（家）	21	43
其中:集体企业数量（家）	2	7
私营企业数量（家）	17	34
"三资"企业数量（家）	5	16
港澳台企业数量（家）	0.5	1.2

调查结果表明，在不招待伙食且不提供住宿的情况下，农村招募建房搬砖的临时工平均每天工资为 87.5 元（标准差为 25.4 元/天），最高为每天 120 元，最低为每天 50 元。此外，18 个村中有 6 个村有代耕农，所占比例为 33.3%，平均每个村有 45 户（标准差为 51 户）代耕农，最多的一个村有 180 户，最少的一个村有 2 户，代耕农占所在村农业生产总面积的比例平均为 26.9%（标准差为 27.6%），比例最高的为 80.0%，最少的为 0.7%。

三 农业经济和非农经济主业分布

调查结果显示，在第一重要农业经济主业中，18 个村当中有 58.8% 从事谷物及其他作物种植业，其次有 23.5% 的村从事蔬菜及园艺作物种植业，再次有 11.8% 的村以渔业为主，最后有 5.9% 的村以水果、坚果、饮料和香料作物的种植业为主。在第二重要农业经济主业中，53.3% 的村以蔬菜及园艺作物种植业为主，其次是 20.0% 的村以水果、坚果、饮料和香料作物的种植业为主，20.0% 的村以渔业为主，最后是 6.7% 的村以畜牧业为主。在第三重要农业经济主业中，50.0% 的村以渔业为主，其次是 25.0% 的村以林业为主和 25.0% 的村以谷物及其他作物种植业为主（见表 2-3）。

表 2-3 农村农业经济主业分布情况

单位：%

第一重要		第二重要		第三重要	
选项	占比	选项	占比	选项	占比
谷物及其他作物种植业	58.8	蔬菜及园艺作物种植业	53.3	渔业	50.0
蔬菜及园艺作物种植业	23.5	水果、坚果、饮料和香料作物的种植业	20.0	林业	25.0
渔业	11.8	渔业	20.0	谷物及其他作物种植	25.0
水果、坚果、饮料和香料作物的种植业	5.9	畜牧业	6.7	—	—
合 计	100.0	合 计	100.0	合 计	100.0

按照"第一重要赋 3 分，第二重要赋 2 分，第三重要赋 1 分"的赋分原则，分别计算第一、第二、第三重要原因中各选项的加权得分，然后进行加总，从而可以计算不同选项的得分排序情况。统计结果表明：谷物及其他作物种植业得分为 201.4，蔬菜及园艺作物种植业的得分为 177.1，渔业的得分为 125.4，水果、坚果、饮料和香料作物的种植业的得分为 57.7，林业的得分为 25.0，畜牧业的得分为 13.4，中药材种植业、农林牧渔服务业和其他经济主业的得分为 0（见表 2-4）。

可见，谷物及其他作物种植业是农村地区最重要的农业经济主业，其次是蔬菜及园艺作物种植业，再次是渔业；而农村地区的中药材种植业和农林牧渔服务业比较薄弱，几乎没有村庄以中药材种植业和农林牧渔服务业作为本村的农业经济主业。

表 2 - 4　农村农业经济主业汇总分布情况

单位：%，分

选项	第一重要主业		第二重要主业		第三重要主业	汇总得分
	占比	加权得分	占比	加权得分	加权得分	
谷物及其他作物种植业	58.8	176.4	0	0	25.0	201.4
蔬菜及园艺作物种植业	23.5	70.5	53.3	106.6	0	177.1
渔业	11.8	35.4	20.0	40.0	50.0	125.4
水果、坚果、饮料和香料作物的种植业	5.9	17.7	20.0	40.0	0	57.7
林业	0	0	0	0	25.0	25.0
畜牧业	0	0	6.7	13.4	0	13.4
中药材种植业	0	0	0	0	0	0
农林牧渔服务业	0	0	0	0	0	0
其他	0	0	0	0	0	0

2010 年，在第一重要的非农经济主业中，5.6% 的村以农副食品加工业为主业，主业收入占村非农经济比例平均为 70.0%；33.3% 的村以物业出租为主业，主业收入占村非农经济比例平均为 74.5%；5.6% 的村以造纸业为主业，主业收入占村非农经济比例平均为 50.0%；22.2% 的村以其他非农产业为主业，主业收入占村非农经济比例平均为 47.5%。

在第二重要的非农经济主业中，20.0% 的村以木材加工业/家具制造业为主业，主业收入占村非农经济比例平均为 10.0%；20.0% 的村以物业出租为主业，主业收入占村非农经济比例平均为 30.0%；20.0% 的村以造纸业为主业，主业收入占村非农经济比例平均为 5.0%；40.0% 的村以其他产业为主业，主业收入占村非农经济比例平均为 47.5%。

在第三重要的非农经济主业中，33.3% 的村以农副食品加工业为主业，主业收入占村非农经济比例平均为 20.0%；66.7% 的村以纺织业为主业，主业收入占村非农经济比例平均为 7.5%（见表 2 - 5）。

按照"第一重要赋 3 分，第二重要赋 2 分，第三重要赋 1 分"的赋分原则，分别计算第一、第二、第三重要原因中各选项的加权得分，然后进行加总，从而可以计算不同选项的得分排序情况。统计结果表明：其他非农经济主业得分最高，为 146.6；其次是物业出租，得分为 139.9；其他依次为：没有非农经济主业得分为 99.9，采矿业得分为 66.7，造纸业得分为 56.8，农副食品加工业得分为 50.1，木材加工业/家具制造业得分为 40.0，饮料制造业、烟草制造业、煤炭采掘业、纺织业和旅游业的得分均为 0（见表 2 - 6）。

表 2 - 5　农村非农经济主业分布情况

单位：%

第一重要			第二重要			第三重要		
选项	占比	平均占比	选项	占比	平均占比	选项	占比	平均占比
没有非农经济主业	33.3	100.0	木材加工业/家具制造业	20.0	10.0	农副食品加工业	33.3	20.0
农副食品加工业	5.6	70.0	物业出租	20.0	30.0	纺织业	66.7	7.5
物业出租	33.3	74.5	造纸业	20.0	5.0	—	—	—
造纸业	5.6	50.0	其他	40.0	47.5	—	—	—
其他	22.2	47.5	—	—	—	—	—	—

可见，除其他非农经济主业之外，物业出租构成了被调查村庄最重要的非农经济主业，这表明出租屋经济构成了广东农村地区最重要的非农经济主业，出租屋经济作为一种低端的非农经济成分，依附于本地的产业聚集和产业运行而存在，一旦市场经济出现波动和政策制度出现变化，出租屋经济就会面临极大风险和不确定性，这种主要由物业出租构成的农村非农经济主业既是当前广东农村经济社会发展的真实写照，也是当下广东农村地区经济发展面临困境的一个主要原因。

表 2 - 6　农村非农经济主业汇总情况

单位：%，分

选项	第一重要主业		第二重要主业		第三重要主业	汇总得分
	占比	加权得分	占比	加权得分	加权得分	
其他	22.2	66.6	40	80.0	0	146.6
物业出租	33.3	99.9	20.0	40.0	0	139.9
没有非农经济主业	33.3	99.9	0	0	0	99.9
采矿业	0	0	0	0	66.7	66.7
造纸业	5.6	16.8	20.0	40.0	0	56.8
农副食品加工业	5.6	16.8	0	0	33.3	50.1
木材加工业/家具制造业	0	0	20.0	40.0	0	40.0
饮料制造业	0	0	0	0	0	0
烟草制造业	0	0	0	0	0	0
煤炭采掘业	0	0	0	0	0	0
纺织业	0	0	0	0	0	0
旅游业	0	0	0	0	0	0

四 农业生产

调查结果表明，有 15 个村的主产粮食是稻谷，有 1 个村的主产粮食有稻谷、玉米、地瓜和其他，有 1 个村的主产粮食是稻谷、地瓜和其他（见表 2-7）。此外，2010 年，17 个村主产粮食的平均亩产为 470.9 公斤（标准差为 157.4 公斤），最高产量为亩产 750 公斤，最低产量为亩产 300 公斤。调查结果还表明，没有一个村以青稞、土豆和小麦为主产粮食。

表 2-7 主产粮食、主要经济作物和主要副业分布情况（多选）

主产粮食	村庄数量	比例	主产经济作物	村庄数量	比例	主要副业	村庄数量	比例
稻谷	17	94.4	蔬菜类	8	44.4	养鱼或捕鱼业	11	61.1
地瓜	2	11.2	油料作物	5	27.8	家庭饲养业	9	50.0
玉米	1	5.6	水果类	3	16.7	林业或承包荒山等	3	16.7
其他	2	11.2	烟草	3	16.7	畜牧业	1	5.6
青稞	0	0	甘蔗/甜菜	2	11.2	其他副业	1	5.6
土豆	0	0	花卉	2	11.2	没有副业	3	16.7
小麦	0	0	园艺	1	5.6	—	—	—
—	—	—	其他	4	22.2	—	—	—
—	—	—	茶叶	0	0	—	—	—
—	—	—	棉花	0	0	—	—	—
—	—	—	药物	0	0	—	—	—
—	—	—	各种麻类	0	0	—	—	—

从 18 个村的主要副业分布情况来看，8 个（44.4%）村的主要经济作物中有蔬菜类，5 个（27.8%）村的主要经济作物中有油料作物，分别有 3 个（16.7%）村的主要经济作物中有水果类和烟草，分别有 2 个（11.2%）村的主要经济作物中有甘蔗/甜菜和花卉，有 1 个（5.6%）村的主要经济作物中有园艺，有 4 个（22.2%）村有其他主要经济作物。此外，没有一个村以茶叶、棉花、药物和各种麻类为主要经济作物。

大多数村有自己的副业。除 3 个村没有副业外，其余 15 个村的主要副业分布情况如下：11 个（61.1%）村的主要副业中有养鱼或捕鱼业，9 个（50.0%）村的主要副业中有家庭饲养业，3 个（16.7%）村的主要副业中有林业或承包荒山等，1 个（5.6%）村的主要副业中有畜牧业，还有 1 个村以其他副业为主。

五 房屋租售

调查结果显示，2010 年 18 个村的人均收入为 0.77 万元（标准差为 0.49 万元），最高为人均 2 万元，最低为人均 0.3 万元。2010 年，有 4 个（22.2%）村的村民以房屋出租作为主要收入来源。此外，2010 年，18 个被调查村中，只有 1 个村有流转的小产权房，其中流转的小产权住房数量为 10 处，平均价格为 1000 元/平方米，而转租或转包的小产权住房的价格平均为 5 元/平方米。

六 农村经济合作组织与捐赠

调查结果表明，有 2 个村有专业合作社（蔬菜、水果、养猪等），覆盖户数的比例平均为 16.1%；1 个村有"居民合作基金会""农民互助储金会"等民间金融组织，覆盖了全村所有家庭户；1 个村有小额信贷组织，覆盖了全村 10.0% 的家庭户，有 2 个村有其他形式的经济合作组织。此外，12 个村表示没有任何形式的经济合作组织。

2010 年，18 个村中有 8 个（44.4%）村的外出人员对本村的经济社会发展进行过捐赠。近 5 年来，外出人员对村庄捐赠的金额平均为 105.7 万元（标准差为 156.3 万元），最高为 500 万元，最少为 5 万元；在捐赠款项中，用于公共基础设施建筑的费用平均为 31.9 万元（标准差为 43.8 万元），最高为 130 万元；用于祠堂、寺庙、教堂等设施的修筑费用平均为 7.1 万元（标准差为 17.4 万元），最高为 50 万元；用于教育支出的费用平均为 24.3 万元（标准差为 30.1 万元）；用于社会救济或社会福利的费用平均为 500 元（标准差为 0.14 万元），最高为 0.4 万元。

七 征地与土地出租

2010 年，18 个村中有 3 个村有土地征收，平均征地数量为 70 亩，最多为 100 亩，最少为 10 亩；土地补偿款总额平均为 95.3 万元，最高为 260 万元，最低为 1 万元；2010 年 3 个村每亩地的平均土地补偿款为 1.36 万元。3 个被征收村的土地补偿款全都来源于政府，其中 2 个村的土地补偿款是全部分给被征地家庭，1 个村是部分留在村里，其余全部分给被征地家庭。

在被征土地中，分别涉及宅基地、耕地、林地、鱼塘、荒地，没有出现草地和园地被征收的情况。在 3 个有土地征收的村中，2 个（66.7%）村表示政府召开过征地补偿或安置方案听证会，1 个（33.3%）村表示没有召开征地补偿或安置方案听证会。

在 3 个有征地的村庄中，均出现过上级政府特意游说被征地用户的农户代表，分别有 2 个村出现过村干部、小组长、被征地用户中的干部、教师等公职人员、被征地用户中的企业家和商人做游说工作的情况，但没有出现过家族中的长辈、其他社会组织做征地游说工作的情况（见表 2 - 8）。

表 2 - 8　农村征地游说情况

选项	数量（个）	占比（%）
被征地用户的农户代表	3	100.0
村干部	2	66.7
小组长	2	66.7
被征地用户中的干部、教师等公职人员	2	66.7
被征地用户中的企业家和商人	2	66.7
家族中的长辈	0	0
其他社会组织	0	0
其他人	0	0
没有特意做谁的工作（提前）	0	0

2010 年，被调查村平均出租土地为 675.3 亩，最多出租土地为 3500 亩，最少为 20 亩；土地出租金总额平均为 488.2 万元，最高为 5000 万元，最少为 0.4 万元。其中，土地租金全部以分期支付的形式缴纳。

从征地或土地出租的主要用途来看，6 个村是用于修路桥、公园等基础公共设施，7 个村作为工商业用地，还有 1 个村用于其他目的。

第二节　农村集体收入和集体财政

一　村集体财政收入

2010 年，被调查村的集体财政收入平均为 489.4 万元（标准差为 1514.1 万元），最高为 6171.0 万元，最低为 0 元。其中，村组统一经营收入（含村集体企业上交）平均为 450.4 万元（标准差为 1471.1 万元），最高为 6171 万元，最少为 0 元；集体企业以外的各种企业（经济实体）上缴给村的收入平均为 17.9 万元（标准差为 39.4 万元），最高为 120 万元，最少为 0 元；村提留平均为 121.1 万元（标准差为 467.0 万元），最高为 1809.0 万元，最少为 -27.0 万元（见表 2-9）。

表 2-9　村集体财政收入情况

村集体收入情况	村数（个）	最小值（万元）	最大值（万元）	平均值（万元）	标准差（万元）
村集体财政收入	17	0	6171.0	489.4	1514.1
其中：村组统一经营收入（包括集体企业上缴）	18	0	6171.0	450.4	1471.1
集体企业以外的各种企业（经济实体）上缴给村的收入	14	0	120.0	17.9	39.4
村提留	15	-27.0	1809.0	121.1	467.0

二　村集体财政支出

2010 年村财政支出平均为 329.2 万元（标准差 1048.6 万元），最高支出为 4362 万元，最低为 0.4 万元。

在第一重要支出中，教育事业支出和新农村合作医疗支出各占 5.6%，基础设施建设支出占 16.7%，村干部工资和补贴支出占 22.2%，其他行政管理支出占 38.9%，其他支出占 11.1%（见表 2-10）。上述各种支出总额平均为 146.4 万元（标准差为 534.9 万元），最高支出额为 2217 万元；上述各种支出占财政总支出的平均比例为 60.5%（标准差为 19.3%），最高为 100%，最低为 37.5%。

在第二重要支出中，集体经营扩大再生产服务支出、教育事业支出和基础设施建设支出各占 6.3%，新农村合作医疗支出占 12.5%，村干部工资和补贴支出及其他行政管理支出各占 25.0%，其他支出占 18.8%。上述各种支出总额平均为 149.1 万元（标准差为 512.7 万元），最高支出为 2000 万元，最低为 0.35 万元；上述各种支出占村财政总支出的平均比例为 29.5%（标准差为 13.6%），最高为 50.0%，最低为 2.0%。

在第三重要支出中，为农户提供生产服务支出占 7.7%，教育事业支出、新农村合作医疗支出和其他支出各占 15.4%，基础设施建设支出和其他行政管理支出各占 23.1%。上述各种支出总额的平均值为 10.6 万元（标准差为 20.7 万元），最高为 74 万元，最低为 0.2 万元；上述各种支出占村财政总支出的平均比例为 13.2%（标准差为 7.8%），最高为 25.0%，最低为 2.0%。

表 2 - 10　农村集体财政支出用途

单位：%

第一重要支出		第二重要支出		第三重要支出	
选项	占比	选项	占比	选项	占比
教育事业支出	5.6	集体经营扩大再生产服务支出	6.3	为农户提供生产服务支出	7.7
新农村合作医疗支出	5.6	教育事业支出	6.3	教育事业支出	15.4
基础设施建设支出	16.7	新农村合作医疗支出	12.5	新农村合作医疗支出	15.4
村干部工资和补贴支出	22.2	基础设施建设支出	6.3	基础设施建设支出	23.1
其他行政管理支出	38.9	村干部工资和补贴支出	25.0	其他行政管理支出	23.1
其他支出	11.1	其他行政管理支出	25.0	其他支出	15.4
—	—	其他支出	18.8	—	—
合　计	100.0	合　计	100.0	合　计	100.0

　　按照"第一重要赋 3 分，第二重要赋 2 分，第三重要赋 1 分"的赋分原则，分别计算第一、第二、第三重要原因中各选项的加权得分，然后进行加总，从而可以计算不同选项的得分排序情况。统计结果表明：在 2010 年村财政支出中，其他行政管理支出得分最高，为 189.8 分；其次是用于村干部工资和补贴支出，得分为 116.6 分；此外，其他支出得分为 86.3 分，基础设施建设支出得分为 85.8 分，农村合作医疗支出（新农合）得分为 57.2 分，教育事业支出得分为 44.8 分，集体经营扩大再生产服务支出得分为 12.6 分，为农户提供生产服务支出得分为 7.7 分（见表 2 - 11）。可见，各村财政支出的大头是行政管理成本。汇总结果表明，其他行政管理支出得分最高，也即各个村庄中相当数量的财政资源用于除村干部工资和补贴之外的其他行政管理事务，包括应付上级检查、各种指标评价考核、各类外出学习等。这也从一个侧面反映农村财政支出不合理和农民负担过重与行政管理支出成本过高有关。

　　汇总结果还表明，村财政资源用于农村教育事业、集体经济和农户生产的比重过低，教育事业支出、集体经营扩大再生产服务支出和为农户提供生产服务支出三项汇总得分只有 65.1 分，只占其他行政管理支出得分的 34.3%，不及行政管理支出得分的四成。

表 2 – 11 农村集体财政支出用途汇总分布情况

单位：％，分

选项	第一重要用途		第二重要用途		第三重要用途	汇总得分
	占比	加权得分	占比	加权得分	加权得分	
其他行政管理支出	38.9	116.7	25.0	50.0	23.1	189.8
村干部工资和补贴支出	22.2	66.6	25.0	50.0	0	116.6
其他支出	11.1	33.3	18.8	37.6	15.4	86.3
基础设施建设支出	16.7	50.1	6.3	12.6	23.1	85.8
农村合作医疗支出(新农合)	5.6	16.8	12.5	25.0	15.4	57.2
教育事业支出	5.6	16.8	6.3	12.6	15.4	44.8
集体经营扩大再生产服务支出	0	0	6.3	12.6	0	12.6
为农户提供生产服务支出	0	0	0	0	7.7	7.7

此外，2010 年末，村集体累计债权总额平均为 356.1 万元（标准差 1318.8 万元），最高为 5583.0 万元，最少为 0 元；到 2010 年末，村集体累计债务总额平均值为 63.8 万元（标准差为 258.8 万元），最大值为 1068 万元，最少的村没有集体累计债务。

第三章
社区环境与邻里关系

第一节　社区治安与环境

一　居民低保

2010 年 14 个城市社区中平均有"五保户"0.25 户（标准差为 0.45
户），"五保户"的实际保障是每人每月平均为 383.7 元（标准差为 228.7
元），最高为每月 880 元，最低为每月 3 元；18 个村平均有"低保"家庭户
27 户（标准差为 26 户），最多的一个村有 100 户"低保"家庭，"五保户"
平均有 5 户（标准差为 5 户），最多的一个村有 15 户"五保户"家庭；
2010 年"低保户"的实际保障每人每月平均为 109.9 元（标准差为 63.3
元），最高为每人每月 250 元，最低为 0 元。

二　社区治安与环境

2010 年城市社区平均发生的刑事案件为 9.3 起（标准差为 24.9 起），
最多的一个社区 2010 年发生了 88 起刑事案件；无一个社区出现过食品安全
事件（2 人以上中毒或得病）和中毒事件。

2010 年农村平均发生的刑事案件为 8.22 起（标准差为 34.6 起），最多
的一个村 2010 年共发生刑事案件 147 起；食品安全事件（2 人以上中毒或
得病）平均发生了 0.28 起（标准差为 1.18 起），最多的一个村一年发生了
5 起；中毒事件（如农药中毒、重金属污染，不含食品中毒）平均发生了
0.11 起（标准差为 0.47 起），最多的一个村一年发生了 2 起。

聚众赌博和盗劫是影响农村社区治安最重要的因素，所选比例均为 37.5%。在影响城市社区治安的第一位因素中，前三位分别是盗窃 （38.5%）、非法赌博（23.1%）和无照游商（15.4%）；在第二位因素中， 前三位分别是盗劫（27.3%）、吸毒/贩毒（18.2%）和打架斗殴 （18.2%）；在第三位因素中，前两位分别是非法赌博（42.9%）和黑车/黑 摩的（28.6%）。在农村中，影响社区治安的因素依次为：聚众赌博和盗窃 各占 37.5%，抢劫、吸毒/贩毒、打架斗殴、流氓黑恶势力各占 6.3%（见 表 3-1）。可见，盗窃是导致城乡社区治安恶化的重要共同因素。

表 3-1　城乡社区治安影响因素分布情况

单位：%

城市						农村	
第一位因素		第二位因素		第三位因素			
选项	占比	选项	占比	选项	占比	选项	占比
盗窃	38.5	盗窃	27.3	非法赌博	42.9	聚众赌博	37.5
非法赌博	23.1	吸毒/贩毒	18.2	黑车/黑摩的	28.6	盗窃	37.5
无照游商	15.4	打架斗殴	18.2	抢劫	14.3	抢劫	6.3
黑车/黑摩的	7.7	嫖娼/卖淫	9.1	其他	14.3	吸毒/贩毒	6.3
打架斗殴	7.7	抢劫	9.1	—	—	打架斗殴	6.3
其他	7.7	流浪乞讨	9.1	—	—	流氓黑恶势力	6.3
—	—	其他	9.1			—	—
合　计	100.0	合　计	100.0	合　计	100.00	合　计	100.0

在被调查的 14 个城市社区中，有 11 个社区（78.6%）存在环境污染的 现象，其中有 1 个社区存在空气污染，1 个社区存在噪声污染，其他 2 个社 区面临的污染类型比较多样化，很难严格限定属于某一种具体的污染类型。

第二节　居住与关系

一　居住类型

在 18 个村中，15（83.3%）个村的主要住房类型是砖混结构，此外， 分别各有 1 个村的主要住房类型是草房、土木房和蒙古包。其中，本村主要 房屋类型在本村所占比例平均为 84.7%（标准差为 18.1%），比例最低的为 40.0%，最高的为 100.0%。

在 14 个城市社区中，11（78.6%）个社区有专门的物业公司管理的商业住宅区，4（21.6%）个社区没有。在 11 个有物业公司管理的商业住宅区的社区中，物业管理费平均为 1.95 元/平方米（标准差为 0.78 元/平方米），最高为 3.2 元/平方米，最低为 1.0 元/平方米。

二　邻里关系

调查结果表明，15（83.3%）个村中村民的遗产由儿子共同分配，3（16.7%）个村中村民的遗产由子女共同分配，长子继承村民遗产的情况在本次调查中没有出现。

66.7% 的农村中村民之间的信任程度高（"比较高"为 55.6%，非常高为 11.1%），信任程度一般的占 27.8%，信任程度比较低的占 5.6%；不同姓氏家族之间关系融洽程度比较高的比例为 70.6%，非常高的比例为 29.4%；本村村民与代耕农之间的融洽程度非常高的比例为 15.4%，比较高的比例为 69.2%，一般的比例为 15.4%（见表 3-2）。可见，农村中不同姓氏家族之间关系相处和谐，被调查的 18 个村均正面肯定关系相处融洽；其次是村民与代耕农之间关系的融洽程度，84.6% 的被调查村正面肯定了村民与代耕农之间的关系；再次是村民之间的信任程度，66.7% 的被调查村正面肯定了村民之间的信任关系。

表 3-2　城乡社区居民之间及居民与社区之间的关系情况

单位：%

项目	非常低	比较低	一般	比较高	非常高
农村					
村民之间信任程度	—	5.6	27.8	55.6	11.1
不同姓氏家族之间关系融洽程度	—	—	—	70.6	29.4
本村村民与代耕农之间的融洽程度	—	—	15.4	69.2	15.4
城市					
居民之间的信任程度	—	14.3	35.7	28.6	21.4
居民与农民工之间的融洽程度	—	14.3	42.9	35.7	7.1

有一半城市社区正面认可居民之间的信任度，其中比较认可的比例为 28.6%，高度认可的比例为 21.4%；此外，有 35.7% 的社区表示居民相互之间信任程度一般，有 14.3% 的社区表示信任程度比较低。42.8% 的城市

社区正面认可居民与农民工之间的融洽程度，其中比较认可的比例为
35.7%，高度认可的比例为7.1%；此外，有42.9%的社区表示所在社区居
民与农民工之间的融洽程度一般，还是14.3%的社区表示融洽程度比较低。

第三节　社区纠纷与调解

农村纠纷发生的频率要远远低于城市社区。近两年来，城市社区平均发
生了10次纠纷（标准差为16.6次），最多的一个社区近两年发生了55次纠
纷；农村平均发生了2.6次纠纷（标准差为5.4次），最多的一个村近两年
发生了18次纠纷。

在城市社区中，最严重的纠纷分别为1次集体聚集，1次集体阻工，1
次哄、砸、抢等暴力行为，2次集体上访和3次其他纠纷；最近发生的纠纷
分别为1次集体聚集、1次集体上访和4次其他纠纷。在农村，最严重的纠
纷分别有3次集体上访，1次群体性地与上级派来的干部、警察讨说法；最
近的纠纷分别是3次集体上访和2次其他纠纷（见表3-3）。

在城市社区最严重的纠纷中，3次出现在2010年，4次出现在2011年；
最近的纠纷中，1次出现在2010年，4次出现在2011年。农村中最严重的
纠纷分别出现在1999年、2008年、2010年和2011年，最近的纠纷分别是
2009年2次、2010年2次和2011年1次。

各类纠纷参与人数规模普遍不大，城市社区没有出现过参与人数在100
人以上的大规模群体事件。城市社区最严重的纠纷中，10人及以下的占
50.0%（4次），11~30人以下的占12.5%（1次），31~50人的占25.0%
（2次），51~100人的占12.5%（1次）；在最近发生的纠纷中，10人及以
下的占66.7%（4次），11~30人以下的占16.7%（1次），51~100人的
占16.7%（1次）。在农村最严重的纠纷中，1次是10人及以下，2次是
11~30人，1次是100人以上；在最近的纠纷中，2次是10人以下，3次是
11~30人。

就纠纷发生原因来看，城市社区最严重的纠纷分别与不肯做外墙和不想
外墙装饰、改制、工资拖欠、老板无力支付工资、离婚、漏水、物业租赁合
同到期与续租问题、阻挠拆迁有关；最近发生的纠纷分别与工资拖欠、空调
发出热气且不能打开窗户、老板无力支付工资、邻里纠纷且总说楼上有声音
吵他、漏水问题、物业租赁合同到期与续租问题有关。农村最严重的纠纷与

与村民不满土地纠纷、要求拆掉发射塔、工资问题和司法不公正有关；在农村 5 次最近的纠纷中，分别与村民要求拆掉电视塔、地界不清、工资问题、农转非的户口承认问题和土地承包问题有关。

城市社区纠纷针对对象主要以某群/个人为主，最严重的 7 起纠纷中有 2 起跟某群/个人有关，最近发生的 6 起纠纷中有 4 起跟某群/个人有关。农村纠纷主要与经济组织有关，最严重的纠纷和最近的纠纷各有 2 次以公司、企业、厂商等经济组织为对象。

大多数的纠纷都能得到处理和解决，城市社区中 8 起最严重的纠纷中，有 6 起（75.0%）能够得到相关方面的处理；在最近发生的 6 起纠纷中，有 5 起（83.3%）得到了相关方面的处理。农村中 4 起严重的纠纷中有 3 起得到了相关处理，5 起最近的纠纷中有 3 起得到了相关处理。

表 3-3 社区纠纷与调解

单位：次，%

选项		城市				农村			
		最严重的纠纷		最近发生的纠纷		最严重的纠纷		最近发生的纠纷	
		数量	占比	数量	占比	数量	占比	数量	占比
纠纷类型	集体聚集	1	7.1	1	7.1	—	—	—	—
	集体上访	2	14.3	1	7.1	3	16.7	3	16.7
	集体请愿	—	—	—	—	—	—	—	—
	集体阻工	1	7.1	—	—	—	—	—	—
	群体性斗殴	—	—	—	—	—	—	—	—
	群体性地与上级派来的干部、警察讨说法	—	—	—	—	1	5.6	—	—
	哄、砸、抢等暴力行为	1	7.1	—	—	—	—	—	—
	自焚行为	—	—	—	—	—	—	—	—
	其他	3	21.4	4	28.6	—	—	2	11.1
发生年份	1999 年	—	—	—	—	1	25.0	—	—
	2008 年	—	—	—	—	1	25.0	—	—
	2009 年	—	—	—	—	—	—	2	40.0
	2010 年	3	42.9	1	20.0	1	25.0	2	40.0
	2011 年	4	57.1	4	80.0	1	25.0	1	20.0
合　计		7	100.0	5	100.0	4	100.0	5	100.0

续表

选项		城市				农村			
		最严重的纠纷		最近发生的纠纷		最严重的纠纷		最近发生的纠纷	
		数量	占比	数量	占比	数量	占比	数量	占比
参与人数	10 人及以下	4	50.0	4	66.7	1	25.0	2	40.0
	11～30 人	1	12.5	1	16.7	2	50.0	3	60.0
	31～50 人	2	25.0	—	—	—	—	—	—
	51～100 人	1	12.5	1	16.7	—	—	—	—
	100 人以上	—	—	—	—	1	25.0	—	—
	合　计	8	100.0	6	100.0	4	100.0	5	100.0
纠纷针对对象	国家有关部门	2	28.6	1	16.7	2	50.0	1	25.0
	公司、企业、厂商等经济组织	1	14.3	1	16.7	2	50.0	2	50.0
	集体或事业单位	1	14.3	—	—	—	—	—	—
	民间非营利组织或机构	—	—	—	—	—	—	—	—
	国家干部	—	—	—	—	—	—	—	—
	某项国家政策	1	14.3	—	—	—	—	—	—
	某群/个人	2	28.6	4	66.7	—	—	1	25.0
	合　计	7	100.0	6	100.0	4	100.0	4	100.0
有无得到相关处理	有	6	75.0	5	83.3	3	25.0	3	60.0
	没有	1	12.5	1	16.7	1	75.0	1	20.0
	等待中	1	12.5	—	—	—	—	1	20.0
	合　计	8	100.0	6	100.0	4	100.0	5	100.0

第二篇

家　庭

第四章
家庭基本状况

　　家庭是社会的基本单位，也是个体出生后接受社会化教育的初始微观环境，它对个体的成长和发展有着至关重要的作用。目前我国正处在社会转型阶段，伴随着社会的发展和变迁，家庭的结构和规模、家庭的收入与支出等也在不断地发生变化。此次中国劳动力动态调查共有效回收 799 份家庭问卷，除深圳市样本量为 99 份外，广州市、东莞市、惠州市、肇庆市、揭阳市、韶关市和阳江市各为 100 份（见表 4 – 1）。此外，按照地域将 8 个城市区分为珠三角地区和非珠三角地区，其中珠三角地区家庭户为 499 份，非珠三角地区为 300 份。

表 4 – 1　广东民生调查家庭样本分布情况

单位：份，%

城市	数量	占比
广州市	100	12.5
深圳市	99	12.4
东莞市	100	12.5
惠州市	100	12.5
肇庆市	100	12.5
揭阳市	100	12.5
韶关市	100	12.5
阳江市	100	12.5
合　计	799	100.0

第一节 家庭规模

家庭规模指在被访者现居地的家庭中居住的、有血缘关系的成员（其中领养的子女也按照血缘关系对待）。调查结果表明，2012年广东省平均家庭规模为每户3.54人，其中城市的平均家庭规模为每户3.35人，农村的平均家庭规模为每户3.69人。

不同城市的调查结果表明家庭户均人口规模存在一定差异，其中广州为3.2人/户，深圳为3.04人/户，东莞为4.00人/户，惠州为3.64人/户，肇庆为3.31人/户，揭阳为3.61人/户，韶关为3.64人/户，阳江为3.90人/户（见表4-2）。总的来看，不同城市家庭户均人口规模相差不大，东莞家庭户均人口规模最大，为4人/户，深圳家庭户均人口规模最小，为3.04人/户，东莞家庭户均人口规模比深圳接近多1人。除东莞以外，珠三角地区城市家庭户均人口规模均略小于粤东西北地区。

表4-2 家庭户均人口规模的城市差异

调查城市＼家庭规模	平均值（人/户）	标准差（人/户）	中位值（人/户）	样本量（人）
广州市	3.20	1.36	3	100
深圳市	3.04	1.37	3	99
东莞市	4.00	1.28	4	100
惠州市	3.64	1.53	3	100
肇庆市	3.31	1.79	3	100
揭阳市	3.61	1.62	3	100
韶关市	3.64	1.59	3	100
阳江市	3.90	1.98	4	100

表4-3是城乡家庭人口规模的比较表。从家庭人口规模的分布看，大部分家庭的人口规模在每户2~5人。从总体样本数据看，3人户占的比例最大，达到27.7%，其次是4人户，比例达21.4%。家庭人口规模存在较为明显的差异。调查结果表明，在城市社区中3人户的比例最大，达38.1%，其次是4人户，达19.8%；在农村社区中4人户所占的比例最大，达22.7%，其次是2人户，占21.3%，3人户占19.6%。

表4-3 城乡家庭人口规模

单位：户

家庭人口规模	城市	农村	合计
1人	28	31	59
2人	59	96	155
3人	133	88	221
4人	69	102	171
5人	32	72	104
6人	16	40	56
7人	6	10	16
8人	4	6	10
9人	1	2	3
10人	1	3	4
合 计	349	450	799

　　家庭人口规模还存在一定的地区差异，珠三角地区家庭人口规模集中在2人/户到4人/户，其中3人/户的家庭比例最高，28.7%的珠三角地区家庭人口规模为3人，其次是21.8%的家庭人口规模为4人/户，再次是19.6%的家庭人口规模为2人/户；非珠三角地区家庭人口规模主要集中在2人/户到5人/户，其中3人/户的家庭比例最高，26.0%的非珠三角地区家庭人口规模为3人，其次是20.7%的家庭人口规模为4人/户，再次是19.0%的家庭人口规模为2人/户和13.7%的家庭人口规模为5人/户（见表4-4）。

表4-4 家庭人口规模的地区差异

单位：户

家庭人口规模	珠三角地区	非珠三角地区	合计
1人	40	19	59
2人	98	57	155
3人	143	78	221
4人	109	62	171
5人	63	41	104
6人	31	25	56
7人	10	6	16
8人	3	7	10
9人	0	3	3
10人	2	2	4
合 计	499	300	799

家庭小型化的趋势比较明显。深圳1人/户的家庭比例最高，所占比例为14.1%；肇庆2人/户的家庭比例最高，所占比例为37.0%；广州3人/户的家庭比例最高，所占比例为44.0%；东莞4人/户和5人/户的家庭比例最高，所占比例分别为35.0%和23.0%，阳江6人/户和8人/户的家庭比例最高，所占比例分别为10.0%和3.0%；揭阳7人/户的家庭比例最高，所占比例为4.0%；韶关9人/户和10人/户的家庭比例最高，所占比例各为2.0%（见表4-5）。可见，人口规模大的家庭，主要分布在经济欠发达的城市。但总的来看，在被调查的8个城市中，家庭人口规模主要集中在2人/户到5人/户，其中3人/户家庭比例最高的城市数量最多，分别有广州、深圳、惠州、揭阳、韶关和阳江6个城市的家庭人口比例最高的均为3人/户。

表4-5　家庭人口规模的城市差异

单位：户

城市	1人	2人	3人	4人	5人	6人	7人	8人	9人	10人	合计
广州	8	18	44	17	7	2	3	1	0	0	100
深圳	14	18	37	17	8	4	0	1	0	0	99
东莞	3	10	18	35	23	9	2	0	0	0	100
惠州	5	15	33	24	11	8	3	0	0	1	100
肇庆	10	37	11	16	14	8	2	1	0	1	100
揭阳	7	20	25	21	15	6	4	2	0	0	100
韶关	6	17	30	22	12	9	1	2	1	0	100
阳江	6	20	23	19	14	10	3	2	2	2	100
合计	59	155	221	171	104	56	16	10	3	4	799

从家庭户型分布情况来看，广州、深圳和惠州家庭小型化比例较高，而大家庭比例较低，其中8人/户的家庭比例很低，而在揭阳、韶关和阳江等城市，8人/户的家庭比例要高于广州、深圳和惠州，尤其是阳江8人/户及以上的家庭比例为7.0%。可见，现代化、市场化与城市的家庭人口规模存在一定的联系。通常，随着现代化发展、城市化发展和市场化水平提高，家庭人口规模会趋向于小型化，核心家庭所占比例越来越高。本次调查的数据基本上符合这种假设，现代化和城市化程度较高的城市在平均家庭规模和家庭规模分布这两项指标上均与现代化和城市化程度较低的城市存在一定的差异。

第二节　年龄结构

2011年总体人口的平均年龄为44.24岁，其中男性人口的平均年龄为44.81岁，女性人口的平均年龄为43.69岁，男性人口的平均年龄略大于女性人口。此外，珠三角地区人口的平均年龄为42.09岁，非珠三角地区人口的平均年龄为47.78岁，珠三角地区人口的平均年龄比非珠三角地区人口小5.69岁。

不同城市人口的平均年龄存在一定差异，其中揭阳人口的平均年龄最大，深圳人口的平均年龄最小。不同城市人口的平均年龄依次为：揭阳（48.50岁）、肇庆（48.27岁）、阳江（47.71岁）、韶关（47.28岁）、广州（44.64岁）、东莞（40.25岁）、惠州（40.19岁）和深圳（37.91岁）（见表4-6）。可见，经济欠发达的粤东西北地区的城市，如揭阳、阳江和韶关等市的人口平均年龄普遍高于经济较为发达的、珠三角地区的城市，如深圳、惠州、东莞和广州。

表4-6　人口平均年龄的地区差异

单位：岁，份

城市	平均数	标准差	中位数	样本量
广　州	44.64	13.388	47.00	168
韶　关	47.28	11.936	48.00	210
深　圳	37.91	11.953	36.00	169
肇　庆	48.27	15.843	49.00	192
惠　州	40.19	12.500	40.00	237
阳　江	47.71	14.340	46.00	241
东　莞	40.25	12.529	41.00	248
揭　阳	48.50	12.409	51.00	167

不同城市人口的年龄结构存在一定差异，深圳市人口在15~64岁之间的比例最高，这表明深圳市的劳动人口数量最多，肇庆和阳江人口在15~64岁之间的比例比较高，这表明肇庆和阳江两市的老年人口数量较大（见表4-7）。总的来看，深圳市的人口结构年轻化，劳动人口数量较高，这与深圳市作为一个移民城市、有大量年轻劳动力涌入深圳密不可分。经济欠发达的阳江、韶关、揭阳等城市中65岁及以上的老年人口数量较多，这与这些地区作为人口输出地和打工出发地密不可分。

表4-7 不同城市人口年龄分布情况

单位：%

城市	15～64岁	65岁以上	合计
广 州	99.4	0.6	100.0
深 圳	100.0	0	100.0
东 莞	98.8	1.2	100.0
惠 州	98.3	1.7	100.0
肇 庆	84.9	15.1	100.0
揭 阳	94.6	5.4	100.0
韶 关	92.9	7.1	100.0
阳 江	86.7	13.3	100.0
总 体	94.3	5.7	100.0

第三节 家庭权力

大多数家庭的主事者是丈夫，也即男性是大多数家庭的权力核心。农村家庭由丈夫掌控家庭事务的比例高于城市家庭丈夫主事的比例，城市家庭由妻子主事的比例高于农村家庭妻子主事的比例。从总体来看，69.6%的家庭由丈夫主事，城市家庭中丈夫主事的比例为64.2%，农村家庭中丈夫主事的比例为73.9%；从总体来看，22.2%的家庭由妻子主事，城市家庭中由妻子主事的比例为25.5%，农村家庭中由妻子主事的比例为19.6%（见表4-8）。

可见，家庭中农村丈夫掌权的比例要高于城市丈夫，但城市妻子掌握家庭权力的比例要高于农村妻子，这从一个侧面体现了城市家庭的女性地位高于农村家庭女性地位。

表4-8 家庭主事情况

单位：户，%

选项	整体情况		城市家庭		农村家庭	
	数量	占比	数量	占比	数量	占比
丈夫	555	69.6	224	64.2	331	73.9
妻子	177	22.2	89	25.5	88	19.6
其他	65	8.2	36	10.3	29	6.5
合 计	797	100.0	349	100.0	448	100.0

　　在广东城乡家庭主事者中，43 人（5.4%）是独生子女，756 人（94.6%）是非独生子女。此外，珠三角地区家庭主事者是独生子女的比例为 4.0%，非珠三角地区家庭主事者是独生子女的比例为 1.4%，珠三角地区家庭主事者是非独生子女的占 58.4%，非珠三角地区家庭主事者是非独生子女的占 36.2%；城市家庭主事者是独生子女的占 2.8%，农村家庭主事者是独生子女的占 2.6%，城市家庭主事者是非独生子女的占 40.9%，农村家庭主事者是非独生子女的占 53.7%。

　　广东城乡家庭主事者配偶是独生子女的比例为 2.8%，非独生子女的比例为 97.2%。珠三角地区家庭主事者配偶是独生子女的比例为 1.9%，非珠三角地区家庭为 0.9%，珠三角地区家庭主事者配偶是非独生子女的比例为 60.6%，非珠三角地区家庭为 36.6%；城市家庭主事者配偶是独生子女的比例为 1.5%，农村家庭为 1.3%，城市家庭主事者配偶是非独生子女的比例为 42.1%，农村家庭为 55.1%。

第四节　家庭类型

　　核心家庭构成了广东家庭类型的主流，41.7% 的广东家庭户是由夫妇及未婚子女构成的核心家庭，16.2% 的广东家庭户是由夫妇构成的核心家庭，核心家庭比例合计为 57.9%（见表 4-9）。此外，一人单身家庭的比例占 6.3%，父（母）亲与已婚子女同住的直系家庭占 24.1%，已婚兄弟姊妹同住的联合家庭占 1.0%，父（母）亲与已婚子女及已婚兄弟姊妹同住的直系联合家庭占 2.4%，祖孙同住（包括外孙）的占 4.4%，家人与非亲属同住的占 0.3%，其他家庭类型占 3.8%。

　　城市家庭中的核心家庭比重超过六成，农村家庭中的核心家庭超过一半。城市家庭中由夫妇构成的核心家庭占 12.0%，农村家庭为 19.4%，城市家庭中由夫妇及未婚子女构成的核心家庭占 50.1%，农村占 26.9%，城市核心家庭比例合计为 62.1%，农村核心家庭比例合计为 54.5%。此外，城市一人单身家庭占 6.0%，父（母）亲与已婚子女同住的直系家庭占 20.3%，已婚兄弟姊妹同住的联合家庭占 2.0%，父（母）亲与已婚子女及已婚兄弟姊妹同住的直系联合家庭占 3.2%，祖孙同住（包括外孙）的占 1.7%，家人与非亲属同住的占 0.6%，其他家庭类型占 4.0%。农村一人单独居住家庭占 6.5%，父（母）亲与已婚子女同住的直系家庭占 26.9%，已婚兄弟姊妹同住的联合家庭占 0.2%，父（母）亲与已婚子女及已婚兄弟姊妹同住的直系联合家庭占 1.8%，祖孙同住（包括外孙）的占 6.5%，其他家庭类型占 3.6%。

表 4 - 9　城乡家庭类型

单位：户，%

选项	总体情况		城市		农村	
	数量	占比	数量	占比	数量	占比
一人单独居住	50	6.3	21	6.0	29	6.5
夫妇(核心家庭)	129	16.2	42	12.0	87	19.4
夫妇及未婚子女(核心家庭)	333	41.7	175	50.1	158	35.2
父(母)亲与已婚子女同住(直系家庭)	192	24.1	71	20.3	121	26.9
已婚兄弟姊妹同住(联合家庭)	8	1.0	7	2.0	1	0.2
父(母)亲与已婚子女及已婚兄弟姊妹同住(直系联合家庭)	19	2.4	11	3.2	8	1.8
祖孙同住(包括外孙)	35	4.4	6	1.7	29	6.5
家人与非亲属同住	2	0.3	2	0.6	0	0
其他	30	3.8	14	4.0	16	3.6
合　计	798	100.0	349	100.0	449	100.0

第五章
家庭居住情况

第一节　生活配套设施

一　公共设施

所居住房屋距离最近的公交站点平均为 1.49 公里（标准差为 2.49 公里），最远距离为 19 公里；所居住房屋距离最近的医疗点平均为 0.85 公里（标准差为 0.98 公里），最远距离为 10 公里；所居住房屋距离最近的药店平均为 1.01 公里（标准差为 1.86 公里），最远距离为 19 公里；所居住房屋距离最近的学校平均为 0.80 公里（标准差为 0.73 公里），最远距离为 5 公里；所居住房屋距离最近的市（镇）商业中心平均为 2.55 公里（标准差为 2.98 公里），最远距离为 22 公里。

二　住房配套设施的城乡差异

住房配套设施直接关系居民生活的便利程度，也是衡量居民居住状况的重要指标。住房配套设施包括做饭用水、做饭燃料、通电情况和家政服务等方面，调查结果如表 5-1 所示。

（一）做饭用水

总的来看，广东家庭做饭主要用自来水的比例为 76.1%，其次是用井水的比例为 22.1%，再次是 1.3% 的家庭用矿泉水/纯净水，最后是用山泉水的家庭占 0.6%。本次调查的家庭没有一例使用江河湖水、雨水、窖水和池塘水。城市家庭做饭用自来水的比例最高，占 91.7%，其次是井水占

4.9%，再次是矿泉水/纯净水占 2.9%，最后是 0.6% 的家庭使用山泉水；农村家庭做饭用自来水的比例最高，占 76.1%，其次是井水占 22.1%，再次 0.7% 的家庭使用山泉水。

表 5 - 1　城乡住房配套设施的比较

单位：%，份

类别		城市	农村	合计
主要做饭用水	井水	4.9	35.3	22.1
	自来水	91.7	64.0	76.1
	矿泉水/纯净水	2.9	0	1.3
	山泉水	0.6	0.7	0.6
	合计	100.0	100.0	100.0
	样本量	348	450	798
主要做饭燃料	柴草	5.7	42.0	26.2
	煤炭	0.6	0.7	0.6
	煤气（液化气）	69.3	39.6	52.5
	太阳能	0	1.1	0.6
	沼气	10.1	16.7	13.8
	电	14.4	0	6.3
	合计	100.00	100.00	100.00
	样本量	348	450	798
通电情况	没通电	0.9	0	0.4
	经常断电	2.0	6.9	4.8
	偶尔断电	61.2	87.8	76.2
	几乎未断电	35.9	5.3	18.6
	合计	100.00	100.00	100.00
	样本量	345	449	794

注：差异显著度 $P < 0.001$。

调查结果还显示，21.3% 的家庭饮用水水源容易受污染，其中，城市家庭饮用水容易受污染的比例为 27.2%，农村家庭饮用水容易受污染的比例为 17.1%。可见，广东有 1/5 以上的家庭饮用水水源容易受污染，城市家庭饮用水水源受污染的比例比农村高 10.1 个百分点。

（二）主要做饭燃料

煤气（液化气）是广东家庭最常使用的做饭原料，52.5%的广东家庭使用煤气（液化气）做饭，城市家庭使用比例为69.5%，农村家庭使用比例为39.6%。其次是柴草，26.2%的广东家庭用柴草做饭，城乡家庭分别为5.7%和42.0%，农村家庭使用柴草做饭的比例是城市家庭的7.37倍。再次是13.8%的广东家庭用沼气做饭，城乡家庭使用比例分别为10.1%和16.7%。第四位是用电做饭，6.3%的家庭用电做饭，城市家庭用电做饭的比例为14.4%。其他还有0.6%的广东家庭使用煤炭做饭，城乡家庭比例分别为0.6%和0.7%；0.6%的广东家庭使用太阳能做饭，农村家庭使用太阳能做饭的比例为1.1%。

（三）家庭通电情况

2011年，广东家庭有生产用电的比例为93.1%，没有生产用电的家庭占6.9%，城乡家庭各有6.9%的家庭没有生产用电。2011年，0.4%的广东家庭没有通电，其中城市未通电家庭比例为0.9%，农村家庭通电比例为100%；4.8%的广东家庭经常断电，城乡家庭经常断电的比例分别为2.0%和6.9%；76.2%的广东家庭偶尔断电，城乡家庭偶尔断电的比例分别为61.2%和87.8%；18.6%的广东家庭从未断电，城乡家庭从未断电的比例分别为35.9%和5.3%。可见，家庭断电现象在广东城乡都不同程度存在，但农村断电现象要比城市严重。

2011年，广东家庭平均每月生活用电为212.7度（平均值为435.9度），最高的一个家庭每月生活用电为7200度，最少的一个家庭每月生活用电为1度；城市家庭平均每月生活用电为294.5度（标准差为607.9度），最高为7200度，最少为10度；农村家庭平均每月生活用电为151.3度（标准差为216.7度），最高为1538度，最少为1度。这表明，广东家庭每月生活用电量最多的出现在城市家庭，最低的出现在农村家庭。

（四）家庭通信、阅读与家政服务

2011年，46.0%的广东家庭使用了计算机/互联网，54.0%的家庭未使用计算机/互联网，城乡家庭使用计算机/互联网的比例分别为69.8%和27.6%，城市家庭使用电脑/互联网的比例比农村家庭高42.2个百分点。此外，广东家庭使用计算机上网的年均花费为1135.6元（标准差为505.5元/年），最高的一个家庭一年上网花费为3000元/年；城市家庭使用计算机上网费用年均为1101.2元（标准差为485.8元/年），最高为3000元/年；农村家庭使用计算机上网费用年均为 1203.7 元（标准差为 537.9 元/年），最高为 2500 元/年。可见，农村家庭使用计算机的比例远远低于城市家庭，但城乡家庭年均上网费用相差不大，农村家庭年均上网费用比城市家庭高102.5 元。

广东家庭平均藏书 100.8 本（标准差为 1101.9 本），最多的一个家庭藏书 30000 本；城市家庭平均藏书 206.9 本（标准差为 1656.3 本），最多藏书30000 本；农村家庭平均藏书 17.5 本（标准差为 46.8 本），最多藏书 500本。城市家庭藏书平均数量比农村多 106.1 本。

2011 年，69.2% 的广东家庭有固定电话，没有固定电话的比例为30.8%；城市家庭拥有固定电话的比例为 70.5%，农村家庭为 68.2%。由于手机及其他网络通信工具的发达，城市家庭拥有固定电话的比例在下降，而农村家庭拥有固定电话的比例在增加，使得广东城乡家庭拥有固定电话的比例逐渐接近。

最近半年，只有 1.0% 的广东家庭请了保姆，只有 3.4% 的广东家庭请了钟点工，钟点工平均每月工作 8.5 次（标准差为 9.7 次），平均每次工作3.2 小时（标准差为 1.5 小时）。

在调查时间的上一周，广东家庭一家人聚餐的平均次数为 10.4 次（标准差为 8.2 次），最多的一个家庭有 25 次；城市家庭一家人聚餐的平均次数为 9 次（标准差为 7.2 次），最多为 25 次；农村家庭一家人聚餐的平均次数为 11.4 次（标准差为 8.8 次），最多为 25 次。

第二节　住房与产权

一　住房产权

计划经济时代的城市住房有一个显著特点：公房比例高，而私有房比例低。20 世纪 50 年代末，政府对当时现存私有房进行没收并推行城市住房国有化，而且严重限制私有房的建造与供给。随后，十年"文化大革命"席卷全国各地，城市私有房的国有化更加彻底，公房比例逐步上升，仅剩下一些小而破旧的私有房。这一时期，城市居民的住房选择极为有限，城市住房的短缺问题日益恶化。

为了逐步扭转这一局面，我国逐步推行了住房市场化改革。改革的目标之一是实现住房产权私有化，提租、出售公房及大力发展商品房等举措都是为了实现这一目标。人们的住房选择也开始走向多元化。20 世纪 90 年代，有一部分人依靠单位的优势而获得住房，而另一些人则因为在私有企业工作或因下岗失业而只能购买商品房。但是，某些从单位获得的公房在产权上与商品房相比还比较模糊，有些住户仅购买使用权而非住房产权。同样，有一部分员工仍然选择租公房，因其租金的上涨相对于收入的增加显得微不足道。进入 21 世纪以来，国家基本上停止了福利分房，改革实物补贴为现金补贴，商品房蓬勃发展，新住房政策层出不穷，拥有住房产权的比重越来越高。

从住房改革历程中可以看出住房产权有三种情况，即完全产权、部分产权及无产权，部分产权是指与单位共同拥有产权，而无产权是指住房是由租住、政府或单位免费提供、其他亲友借住等方式获得。2011 年的调查结果表明，广东家庭完全自有住房产权的比例为 84.6%，城乡家庭住房自有产权比例分别为 70.4% 和 95.7%，农村家庭完全自有住房产权比例比城市家庭高 25.3 个百分点；0.1% 的广东家庭和单位共有住房产权，城市家庭为 0.3%，农村家庭不存在和单位共有产权的情况；12.6% 的广东家庭租房住，城乡比例分别为 25.9% 和 2.3%，城市家庭租房住的比例比农村家庭高 23.6 个百分点；0.3% 的广东家庭由政府免费提供住房，城乡家庭比例分别为 0.3% 和 0.2%；0.8% 的广东家庭由单位免费提供住房，城乡家庭比例分别为 1.4% 和 0.2%；1.0% 的广东家庭由父母/子女提供住房，城乡家庭比例分别为 0.3% 和 1.6%；0.6% 的广东家庭由其他亲友借住，城市家庭比例为 1.4%，农村家庭不存在向其他亲友借住住房的情况（见表 5 - 2）。

表 5 - 2　城乡家庭住房产权情况

单位：户，%

产权情况	整体情况		城市家庭		农村家庭	
	数量	占比	数量	占比	数量	占比
完全自有	669	84.6	245	70.4	424	95.7
和单位共有产权	1	0.1	1	0.3	0	0
租住	100	12.6	90	25.9	10	2.3
政府免费提供	2	0.3	1	0.3	1	0.2
单位免费提供	6	0.8	5	1.4	1	0.2
父母/子女提供	8	1.0	1	0.3	7	1.6
其他亲友借住	5	0.6	5	1.4	0	0
合　计	791	100.0	348	100.0	443	100.0

二 完全自有产权房屋

在完全自有住房的家庭中，13.5%的家庭住房是原单位住房，83.1%的家庭住房不是原单位住房；在完全自有住房的城市家庭中，34.0%的是原单位住房，农村家庭中6.5%的住房是原单位住房。

绝大部分家庭完全自有住房登记的所有者为丈夫，总的比例为65.1%，城乡家庭比例分别为56.7%和70.0%，农村家庭以丈夫作为自有住房所有者登记的比例比城市家庭高13.3个百分点。其次是以妻子作为完全自有住房登记的总体比例为20.5%，城乡家庭分别是26.4%和16.9%，城市家庭完全自有住房登记为妻子的比例比农村家庭高9.5个百分点（见表5-3）。

表5-3 城乡家庭完全自有住房登记情况

单位：户，%

所有者	总体		城市家庭		农村家庭	
	数量	占比	数量	占比	数量	占比
丈夫	404	65.1	131	56.7	273	70.0
妻子	127	20.5	61	26.4	66	16.9
儿子	36	5.8	21	9.1	15	3.8
女儿	7	1.1	4	1.7	3	0.8
爷爷	28	4.5	6	2.6	22	5.6
奶奶	9	1.4	5	2.2	4	1.0
岳父	5	0.8	1	0.4	4	1.0
岳母	5	0.8	2	0.9	3	0.8
合 计	621	100.0	231	100.0	390	100.0

此外，在完全自有住房中，自己建造的比例为70.1%，购买的比例为29.9%；城市家庭自己建造的比例为22.1%，购买的比例为77.9%；农村家庭自己建造的比例为97.4%，购买的比例为2.6%。

（1）自建完全自有住房。调查结果表明，15.3%的广东家庭自建房的时间是在1980年及以前，城乡家庭自建房在1980年及以前的比例分别为16.1%和15.2%；24.3%的家庭自建房是在1981~1990年，城乡家庭比例分别为25.0%和24.2%；30.3%的家庭自建房是在1991~2000年，城乡家庭比例分别为 32.1% 和 30.1%；14.6% 的家庭自建房是在 2001～2005 年，城乡家庭比例分别为 16.1% 和 14.4%；15.5% 的家庭自建房是在 2006 年至今，城乡家庭比例分别为 10.7% 和 16.1%（见表 5－4）。

表 5－4　城乡家庭建房/购房时间分布

单位：%

时间	总体建房	城市建房	农村建房	总体购房	城市购房	农村购房
1980 年及以前	15.3	16.1	15.2	2.5	2.1	9.1
1981～1990 年	24.3	25.0	24.2	11.5	12.2	0
1991～2000 年	30.3	32.1	30.1	39.0	41.3	0
2001～2005 年	14.6	16.1	14.4	31.0	29.6	54.5
2006 年至今	15.5	10.7	16.1	16.0	14.8	36.4
合　计	100.0	100.0	100.0	100.0	100.0	100.0

广东家庭自建完全自有产权房当年的平均造价为 10.3 万元（标准差为 18.2 万元），造价最高的为 200 万元；自建完全自有产权房的平均建筑面积为 142.5 平方米（标准差为 122.6 平方米），最大建筑面积为 1000 平方米；所建住房目前的平均市值为 28.4 万元（标准差为 49.8 万元），市值最高的为 600 万元。按照平均价格计算的话，广东家庭自建住房目前的市值是当年建房时的 2.75 倍。

（2）购买完全自有住房。广东农村家庭自 2001 年开始出现了明显的购房高潮，90.9% 的农村家庭自 2001 年以来有过购房行为。调查结果表明，2.5% 的广东家庭自购房是在 1980 年及以前，城乡家庭自购房在 1980 年及以前的比例分别为 2.1% 和 9.1%；11.5% 的家庭自购房是在 1981～1990 年，城市家庭比例为 12.2%，农村家庭在 1981～1990 年没有出现购房现象；39.0% 的家庭自购房是在 1991～2000 年，城市家庭比例为 41.3%，农村家庭在 1991～2000 年没有出现购房现象；31.0% 的家庭自购房是在 2001～2005 年，城乡家庭比例分别为 29.6% 和 54.5%；16.0% 的家庭自购房是在 2006 年至今，城乡家庭比例分别为 14.8% 和 36.4%。

广东家庭当年自购完全自有产权房的平均价格为 32.9 万元（标准差为 48.7 万元），最高购买总价为 380 万元；所购住房的平均建筑面积为 93.7

平方米（标准差为 40.5 平方米），最大建筑面积为 300 平方米；所购住房目前的平均市值为 113.9 万元（标准差为 100.1 万元），市值最高为 450 万元。按照平均价格来计算的话，广东家庭所购住房目前的市值是当年购房价格的 3.46 倍。

从购房方式来看，69.7% 的广东家庭购买的现房（一手房），30.3% 的家庭购买的是二手房，城乡家庭购买现房（一手房）的比例分别为 70.5% 和 54.4%，城乡家庭购买二手房的比例分别是 29.5% 和 45.5%。

（3）建/购房经费来源。从建/购房的经费来源看，来自积蓄（不含住房公积金）的平均为 10.2 万元（标准差为 20.4 万元），最多为 250 万元；来自出售原住房的平均为 0.21 万元（标准差为 2.3 万元），最高为 30 万元；来自住房公积金的平均为 0.26 万元（标准差为 2.66 万元），最高为 50 万元；来自父母兄弟姐妹的平均为 1.22 万元（标准差为 6.83 万元），最高为 120 万元；来自其他亲戚帮助的平均为 1.10 万元（标准差为 4.29 万元），最高为 60 万元；来自朋友、同学等帮助的平均为 0.41 万元（标准差为 2.57 万元），最高为 50 万元；来自银行贷款的平均为 2.65 万元（标准差为 12.6 万元），最高为 140 万元；来自单位津贴的平均为 0.32 万元（标准差为 5.36 万元），最高为 110 万元；来自单位贷款的平均为 0.05 万元（标准差为 0.98 万元），最高为 22 万元。

三　租房居住

74% 以上的广东家庭向私人租房居住，城市家庭向私人租房居住的比例高达 88.9%，这表明广东的民间房屋出租市场比较繁荣。74.2% 的广东家庭选择向私人租房居住，城乡家庭的比例分别为 72.7% 和 88.9%；分别有 5.2% 的广东家庭向政府和房产公司租房居住，城市家庭的比例均为 5.7%；6.2% 的广东家庭向单位租房住，城市家庭的比例为 6.8%；3.1% 的广东家庭向亲友租房住，城乡家庭比例分别为 2.3% 和 11.1%；3.1% 的广东家庭向房管所租房住，3.1% 的广东家庭通过其他方式租房居住（见表 5 - 5）。此外，21.4% 的广东家庭与他人合租居住，城乡家庭合租比例分别为 22.7% 和 10.0%。

租房面积平均为 58.3 平方米（标准差为 40.3 平方米），租房面积最大的为 240 平方米，最小的为 7 平方米；租金平均为每月 1240.7 元（标准差为 1025.1 元），最高租金为每月 4000 元。

表 5-5　城乡家庭租房情况

单位：%

租房对象	总体情况	城市家庭	农村家庭
政府	5.2	5.7	0
房产公司	5.2	5.7	0
单位	6.2	6.8	0
亲友	3.1	2.3	11.1
私人	74.2	72.7	88.9
房管所	3.1	3.4	0
其他	3.1	3.4	0
合　计	100.0	100.0	100.0

四　住房物业与设施

调查结果表明，28.9%的家庭住房需要缴纳物业管理费，71.1%的家庭不需要，城乡家庭需要缴纳物业管理费的比例分别为60.6%和4.2%。在过去一年中，需要缴纳物业管理费的家庭平均每月支出物业管理费187.9元（标准差为441.1元），最高为每月3600元。

81.2%的家庭有自来水，城乡家庭比例分别为98.9%和67.5%；99.4%的家庭有电，城乡家庭比例分别为98.9%和99.8%；93.2%的家庭有自家室内厨房，城乡家庭比例分别为96.8%和90.4%；6.1%的家庭有花园，城乡家庭比例分别为4.9%和7.1%；67.7%的家庭有阳台，城乡家庭比例分别为79.7%和58.4%；46.7%的家庭有互联网端口，城乡家庭比例分别为69.6%和29.0%；13.9%的家庭有管道煤气，城乡家庭比例分别为27.8%和3.1%；7.5%的家庭有管道天然气，城乡家庭比例分别为16.9%和0.2%；87.8%的家庭有自家室内浴室，城乡家庭比例分别为92.6%和84.2%；1.6%的家庭有暖气，城乡家庭比例分别为1.7%和1.6%；82.7%的家庭有自家室内厕所，城乡家庭比例分别为92.8%和74.8%。

五　自有房产情况

接近37%的广东家庭有多处房产，农村家庭有多处房产的比例为47.7%，36.6%的家庭表示在别处存在拥有全产权的其他住房，城乡比例分别为22.3%和47.7%，广东农村家庭拥有多处房产的比例比城市家庭高25.4个百分点。此外，77.7%的城市家庭和52.3%的农村家庭表示在别处没有自有住房。

在拥有多套住房的广东家庭中，平均每户在别处拥有住房1.42套（标准差为2.12套），最多的一个家庭在别处拥有30套住房。

从广东家庭在别处拥有的第一套住房来看，平均建筑面积为102.8平方米（标准差为120.1平方米），最大建筑面积为900平方米，最小为6平方米；当时建/购房的造价平均为122.9万元（标准差为1321.6万元），最高造价为2亿元；现在总市值平均为160.6万元（标准差为1412.5万元），最高市值为2亿元。

从广东家庭在别处拥有的第二套住房来看，平均建筑面积为87.3平方米（标准差为117.7平方米），最大建筑面积为700平方米，最小为86平方米；当时建/购房的造价平均为14.8万元（标准差为37.1万元），最高造价为200万元；现在总市值平均为31.2万元（标准差为57.9万元），最高市值为300万元。

从广东家庭在别处拥有的第三套住房来看，平均建筑面积为74.0平方米（标准差为74.2平方米），最大建筑面积为324平方米，最小为12平方米；当时建/购房的造价平均为7.23万元（标准差为10.3万元），最高造价为30万元；现在总市值平均为23.4万元（标准差为30.7万元），最高市值为100万元。

第三节　家庭环境

家庭环境包括家庭经济、房屋整洁、房屋拥挤、房屋采光、房屋通风、室内空气清新、房屋周围噪音、家庭成员关系、房屋设施、厕所类型等基本指标。

一　家庭经济状况

调查结果表明，按照"很穷到很富为1~10分"的赋分原则，被访家庭经济状况的平均得分为5.24分，其中城市家庭为5.58分，农村家庭为4.98分，珠三角地区家庭为5.33分，非珠三角地区家庭为5.10分（见表5-6）。这表明，除了农村家庭经济状况得分在5分以下外，总体得分、城市家庭得分、珠三角地区家庭得分和非珠三角地区家庭经济状况得分均在5分以上，这也意味着农村家庭经济状况处在中等水平以下，而总体情况、城市家庭、珠三角地区家庭和非珠三角地区家庭经济状况均在中等水平以上。

表 5 - 6　家庭经济状况

单位：％，分

分值	总体	城市	农村	珠三角地区	非珠三角地区
1	1.5	0.3	2.4	1.0	2.3
2	6.6	6.3	6.9	6.6	6.7
3	10.9	8.9	12.5	11.5	10.0
4	16.9	13.8	19.4	15.5	19.3
5	21.8	20.1	23.2	20.7	23.7
6	14.3	15.8	13.1	16.3	11.0
7	13.8	18.1	10.5	13.3	14.7
8	9.7	9.8	9.6	8.9	11.0
9	3.8	5.7	2.2	5.4	1.0
10	0.6	1.1	0.2	0.8	0.3
合　计	100.0	100.0	100.0	100.0	100.0
平均值	5.24(1.927)	5.58(1.936)	4.98(1.881)	5.33(1.958)	5.10(1.870)

注：括号内数字为标准差。

此外，家庭得分在 5 分以下的总体占 35.9％，城市家庭为 29.3％，农村家庭为 41.2％，珠三角地区家庭为 34.6％，非珠三角地区为 38.3％；家庭得分为 5 分的总体占 21.8％，城市家庭为 20.1％，农村家庭为 23.2％，珠三角地区家庭为 20.7％，非珠三角地区为 23.7％；家庭得分在 5 分以上的总体占 42.2％，城市家庭为 50.5％，农村家庭为 35.6％，珠三角地区家庭为 44.7％，非珠三角地区为 38.0％。可见，超过 41％的农村家庭经济状况在中等水平以下，半数以上的城市家庭经济状况在中等水平以上，珠三角地区家庭经济状况在中等水平以上的比例比非珠三角地区家庭高 6.7 个百分点。

二　室内整洁程度

调查结果表明，按照"很乱到很整洁为 1～10 分"的赋分原则，除城市家庭得分在 6 分以上外，总体得分、农村家庭得分、珠三角地区得分和非珠三角地区家庭得分都在 5～6 分。这表明，城市家庭内部较为整洁，而总体情况、农村家庭、珠三角地区和非珠三角地区家庭内部整洁情况一般。

此外，家庭得分在 5 分以下的总体占 30.1％，城市家庭为 25.1％，农村家庭为 33.9％，珠三角地区家庭为 28.8％，非珠三角地区为 31.1％；家庭得分为 5 分的总体占 18.5%，城市家庭为 13.9%，农村家庭为 22.0%，珠三角地区家庭为 16.8%，非珠三角地区为 21.3%；家庭得分在 5 分以上的总体占 51.5%，城市家庭为 61.0%，农村家庭为 44.1%，珠三角地区家庭为 54.3%，非珠三角地区为 46.6%（见表 5 - 7）。可见，农村家庭内部整洁程度在 5 分以下的比例最高，接近 34% 的农村家庭室内整洁程度在中等水平以下；城市家庭内部整洁程度在 5 分以上的比例最高，有 61% 的珠三角地区家庭内部整洁程度在中等水平以上。

表 5 - 7　室内整洁程度

单位：%

分值	总体	城市	农村	珠三角地区	非珠三角地区
1	0.8	0.9	0.7	0.8	0.7
2	4.3	4.0	4.5	4.6	3.7
3	10.8	9.5	11.8	10.7	11.0
4	14.2	10.7	16.9	12.7	16.7
5	18.5	13.9	22.0	16.8	21.3
6	15.7	15.0	16.3	14.7	17.3
7	15.7	16.8	14.9	15.8	15.7
8	13.6	18.8	9.6	14.5	12.0
9	4.2	5.8	2.9	5.9	1.3
10	2.3	4.6	0.4	3.4	0.3
合　计	100.0	100.0	100.0	100.0	100.0
平均值	5.64(1.978)	6.06(2.116)	5.32(1.803)	5.79(2.09)	5.39(1.754)

注：括号内数字为标准差。

三　室内拥挤情况

调查结果表明，按照"很拥挤到很宽裕为 1 ~ 10 分"的赋分原则，除城市家庭得分在 6 分以上外，总体得分、农村家庭得分、珠三角地区得分和非珠三角地区家庭得分都为 5 ~ 6 分。这表明，除城市家庭室内较为宽裕外，而总体情况、农村家庭、珠三角地区和非珠三角地区家庭室内存在一定程度地拥挤。

此外，家庭得分在 5 分以下的总体占 29.1%，城市家庭为 27.7%，农村家庭为 30.1%，珠三角地区家庭为 29.7%，非珠三角地区为 27.9%；家庭得分为 5 分的总体占 16.0%，城市家庭为 11.0%，农村家庭为 19.8%，珠三角地区家庭为 14.9%，非珠三角地区为 17.7%；家庭得分在 5 分以上的总体占 54.9%，城市家庭为 61.4%，农村家庭为 50.1%，珠三角地区家庭为 55.4%，非珠三角地区为 54.3%（见表 5 - 8）。

表 5 - 8　室内拥挤情况

单位：%

分值	总体	城市	农村	珠三角地区	非珠三角地区
1	1.0	1.2	0.9	1.4	0.3
2	5.7	7.2	4.5	7.1	3.3
3	8.3	7.2	9.1	7.9	9.0
4	14.1	12.1	15.6	13.3	15.3
5	16.0	11.0	19.8	14.9	17.7
6	13.8	13.6	14.0	11.9	17.0
7	18.2	16.8	19.4	17.0	20.3
8	13.8	19.4	9.6	15.6	11.0
9	5.8	6.4	5.3	7.1	3.7
10	3.3	5.2	1.8	3.8	2.3
合　计	100.0	100.0	100.0	100.0	100.0
平均值	5.80(2.091)	6.04(2.247)	5.61(1.944)	5.84(2.214)	5.72(1.870)

注：括号内数字为标准差。

可见，农村地区家庭室内拥挤得分在 5 分以下的比例最高，30% 以上的农村家庭室内较拥挤；城市家庭室内得分在 5 分以上的比例最高，超过 61% 的城市家庭较为宽裕。此外，珠三角地区家庭室内宽裕比例与珠三角地区家庭宽裕比例基本接近。

四　室内采光情况

调查结果表明，按照"很差到很好为 1 ~ 10 分"的赋分原则，不管是总体情况，还是城乡家庭，或是珠三角地区家庭、非珠三角地区家庭，其室内采光情况得分均在 6 分以上，这意味着，不分城乡，不分地区，广东家庭的室内采光情况均较好。

此外，家庭得分在 5 分以下的总体占 21.3%，城市家庭为 16.0%，农村家庭为 25.3%，珠三角地区家庭为 20.0%，非珠三角地区为 23.3%；家庭得分为 5 分的总体占 15.0%，城市家庭为 14.7%，农村家庭为 15.1%，珠三角地区家庭为 14.7%，非珠三角地区为 15.3%；家庭得分在 5 分以上的总体占 63.8%，城市家庭为 69.4%，农村家庭为 59.5%，珠三角地区家庭为 65.2%，非珠三角地区家庭为 61.3%（见表 5 - 9）。

表 5 - 9　室内采光情况

单位：%

分值	总体	城市	农村	珠三角地区	非珠三角地区
1	0.8	1.2	0.4	1.0	0.3
2	3.1	2.9	3.3	3.6	2.3
3	8.1	6.1	9.6	7.1	9.7
4	9.3	5.8	12.0	8.3	11.0
5	15.0	14.7	15.1	14.7	15.3
6	14.1	12.4	15.4	13.5	15.0
7	18.0	22.0	14.9	19.0	16.3
8	19.9	19.4	20.3	18.0	23.0
9	8.8	11.6	6.7	10.9	5.3
10	3.0	4.0	2.2	3.8	1.7
合　计	100.0	100.0	100.0	100.0	100.0
平均值	6.22(2.036)	6.50(2.031)	6.01(2.017)	6.31(2.09)	6.08(1.938)

注：括号内数字为标准差。

可见，农村地区家庭采光得分在 5 分以下的比例最高，超过 25% 的农村家庭采光情况较差；城市家庭采光得分在 5 分以上的比例最高，近 70% 的城市家庭采光情况较好；珠三角地区家庭采光情况较好的比例比非珠三角地区家庭高 3.9 个百分点。

五　室内通风情况

调查结果表明，按照"很差到很好为 1 ~ 10 分"的赋分原则，不管是总体情况，还是城乡家庭，或是珠三角地区家庭、非珠三角地区家庭，其室内通风情况得分均在 6 分以上，也即不分城乡，不分地区，广东家庭的室内通风情况均较好，其中又以城市家庭通风得分最高。

此外，家庭得分在 5 分以下的总体占 19.7%，城市家庭为 16.0%，农村家庭为 22.7%，珠三角地区家庭为 19.2%，非珠三角地区家庭为 20.7%；

家庭得分为 5 分的总体占 13.3%，城市家庭为 10.7%，农村家庭为 15.4%，珠三角地区家庭为 13.1%，非珠三角地区家庭为 13.7%；家庭得分在 5 分以上的总体占 67.0%，城市家庭为 73.5%，农村家庭为 61.9%，珠三角地区家庭为 67.7%，非珠三角地区家庭为 65.6%（见表 5 – 10）。

表 5 – 10　室内通风情况

单位：%

分值	总体	城市	农村	珠三角地区	非珠三角地区
1	1.0	1.2	0.9	1.2	0.7
2	2.6	3.2	2.2	3.6	1.0
3	7.9	6.1	9.4	6.5	10.3
4	8.2	5.5	10.2	7.9	8.7
5	13.3	10.7	15.4	13.1	13.7
6	16.9	16.8	16.9	17.2	16.3
7	18.9	19.7	18.3	16.6	22.7
8	18.7	20.5	17.4	18.4	19.3
9	9.1	11.6	7.1	10.9	6.0
10	3.4	4.9	2.2	4.6	1.3
合　计	100.0	100.0	100.0	100.0	100.0
平均值	6.28(2.018)	6.57(2.051)	6.06(1.966)	6.36(2.102)	6.15(1.866)

注：括号内数字为标准差。

可见，农村地区家庭通风得分在 5 分以下的比例最高，接近 23% 的农村家庭通风情况较差；城市家庭通风得分在 5 分以上的比例最高，接近 74% 的城市家庭通风情况较好；珠三角地区家庭通风情况较好的比例比非珠三角地区家庭高 2.1 个百分点。

六　室内空气清新情况

调查结果表明，按照"很差到很好为 1 ~ 10 分"的赋分原则，除农村家庭以外，总体情况、城市家庭、珠三角地区家庭和非珠三角地区家庭的室内空气清新情况得分均在 6 分以上。这表明，总体情况、城市家庭、珠三角地区家庭和非珠三角地区家庭室内空气清新状况均在中等水平以上，只有农村家庭室内空气清新情况处于中等水平。此外，城市家庭室内空气清新得分最高。

此外，家庭得分在 5 分以下的总体占 19.4%，城市家庭为 15.7%，农村家庭为 22.2%，珠三角地区家庭为 19.2%，非珠三角地区为 19.7%；家庭得分为 5 分的总体占 15.2%，城市家庭为 15.0%，农村家庭为 15.4%，珠三角地区家庭为 14.1%，非珠三角地区为 17.0%；家庭得分在 5 分以上的总体占 65.4%，城市家庭为 69.1%，农村家庭为 62.3%，珠三角地区家庭为 66.6%，非珠三角地区为 63.3%（见表 5-11）。

表 5-11 室内空气清新情况

单位：%

分值	总体	城市	农村	珠三角地区	非珠三角地区
1	0.5	0.9	0.2	0.8	0
2	3.0	3.8	2.4	3.4	2.3
3	6.8	4.6	8.5	6.9	6.7
4	9.1	6.4	11.1	8.1	10.7
5	15.2	15.0	15.4	14.1	17.0
6	20.4	20.2	20.5	19.8	21.3
7	20.0	17.9	21.6	19.2	21.3
8	14.1	15.9	12.7	14.1	14.0
9	7.8	11.3	5.1	9.5	5.0
10	3.1	4.0	2.4	4.0	1.7
合　计	100.0	100.0	100.0	100.0	100.0
平均值	6.16(1.919)	6.39(1.994)	5.98(1.842)	6.23(2.012)	6.03(1.752)

注：括号内数字为标准差。

可见，农村地区家庭室内空气清新得分在 5 分以下的比例最高，超过 22% 的农村家庭室内空气清新情况较差；城市家庭室内空气清新得分在 5 分以上的比例最高，接近 70% 的城市家庭室内空气清新情况较好；珠三角地区家庭空气清新情况较好的比例比非珠三角地区家庭高 3.3 个百分点。

七　房屋周围噪声情况

调查结果表明，按照"很吵到很安静为 1~10 分"的赋分原则，总体情况、农村家庭和非珠三角地区家庭房屋周围噪声得分均在 7 分以上。这表明，广东家庭房屋周围比较安静，并无明显的噪声干扰，农村家庭房屋周围最安静，平均得分为 7.23 分，其次是非珠三角地区家庭，平均得分为 7.23

分。此外，城市家庭和珠三角地区家庭房屋周围噪声得分均在 7 分以下，虽不存在明显的噪声干扰，但安静程度要低于农村家庭和非珠三角地区家庭。

此外，家庭得分在 5 分以下的总体占 12.2%，城市家庭为 17.1%，农村家庭为 8.5%，珠三角地区家庭为 12.1%，非珠三角地区家庭为 12.4%；家庭得分为 5 分的总体占 9.2%，城市家庭为 11.8%，农村家庭为 7.1%，珠三角地区家庭为 10.7%，非珠三角地区家庭为 6.7%；家庭得分在 5 分以上的总体占 78.6%，城市家庭为 71.2%，农村家庭为 84.5%，珠三角地区家庭为 77.2%，非珠三角地区家庭为 80.9%（见表 5 - 12）。

表 5 - 12　房屋周围噪声状况

单位：%

分值	总体	城市	农村	珠三角地区	非珠三角地区
1	0.6	0.6	0.7	0.4	1.0
2	2.0	3.8	0.7	2.0	2.0
3	4.8	8.4	2.0	6.1	2.7
4	4.8	4.3	5.1	3.6	6.7
5	9.2	11.8	7.1	10.7	6.7
6	10.3	11.6	9.4	12.3	7.0
7	17.4	18.2	16.7	18.0	16.3
8	29.3	24.6	33.0	27.7	32.0
9	14.7	9.0	19.2	11.9	19.3
10	6.9	7.8	6.2	7.3	6.3
合　计	100.0	100.0	100.0	100.0	100.0
平均值	7.04(1.976)	6.62(2.155)	7.36(1.762)	6.92(1.977)	7.23(1.962)

注：括号内数字为标准差。

可见，城市家庭房屋周围噪声得分在 5 分以下的比例最高，超过 17% 的城市家庭房屋周围噪声较大；农村家庭房屋周围噪声得分在 5 分以上的比例最高，接近 85% 的农村家庭房屋周围安静，没有噪声干扰；非珠三角地区家庭房屋周围安静的比例要比珠三角地区高 3.7 个百分点。

八　家庭成员关系情况

调查结果表明，按照"从冷漠到很亲密为 1 ~ 10 分"的赋分原则，除农村家庭得分在 7 分以下外，总体情况、城市家庭、珠三角地区家庭和非珠三角地区家庭对家庭成员关系的评分均在 7 分以上。这表明，广东家庭成员关系总体上比较亲密，城市家庭成员关系得分最高，而农村家庭成员关系得分虽属最低，也接近 7 分。

此外，家庭得分在 5 分以下的总体占 7.8%，城市家庭为 4.7%，农村家庭为 10.4%，珠三角地区家庭为 8.5%，非珠三角地区家庭为 7.0%；家庭得分为 5 分的总体占 8.0%，城市家庭为 5.3%，农村家庭为 10.1%，珠三角地区家庭为 7.0%，非珠三角地区家庭为 9.7%；家庭得分在 5 分以上的总体占 84.1%，城市家庭为 90.0%，农村家庭为 79.5%，珠三角地区家庭为 84.6%，非珠三角地区家庭为 83.3%（见表 5 - 13）。

表 5 - 13 家庭成员关系状况

单位：%

分值	总体	城市	农村	珠三角地区	非珠三角地区
1	0.5	0	0.9	0.4	0.7
2	0.6	0.6	0.7	0.4	1.0
3	1.9	1.5	2.3	2.5	1.0
4	4.8	2.6	6.5	5.2	4.3
5	8.0	5.3	10.1	7.0	9.7
6	12.4	13.2	11.7	13.2	11.0
7	20.7	17.9	22.7	19.0	23.4
8	26.1	25.3	26.8	24.3	29.1
9	18.1	22.4	14.9	19.4	16.1
10	6.8	11.2	3.4	8.7	3.7
合 计	100.0	100.0	100.0	100.0	100.0
平均值	7.26(1.750)	7.63(1.652)	6.97(1.771)	7.32(1.796)	7.16(1.67)

注：括号内数字为标准差。

可见，农村家庭成员关系冷漠的比例最高，超过一成（10.4%）的农村家庭成员关系评分在 5 分以下，城市家庭成员关系评分在 5 分以上的比例最高，90.1%城市家庭成员关系评分在 6 分及以上。珠三角地区家庭成员关系亲密的比例要比非珠三角地区家庭略高 1.3 个百分点。

九 室内设施

调查结果表明，95.3%（753 户）的家庭有厨房，没有厨房的比例为

4.7%（37户）；93.3%（737户）的家庭有客厅，没有客厅的比例为6.7%（53户）；94.8%（749户）的家庭有卧室，5.2%（41户）的家庭没有卧室；15.1%（119户）的家庭有书房，84.9%（670户）的家庭没有书房。可见，广东家庭拥有书房的比例最低，接近85%的家庭没有书房。

室内有冲水厕所的家庭拥有比例最高。调查结果表明，拥有室内冲水厕所的家庭比例为77.6%，拥有室内非冲水厕所的比例为9.7%，拥有室外冲水公厕的比例为3.0%，拥有室外非冲水公厕的比例为4.4%，拥有室外非冲水厕所的比例为3.3%，还有2.0%的家庭拥有其他类型的厕所（见表5-14）。

表 5 - 14　厕所类型

单位：户，%

类型	数量	占比	累积占比
室内冲水	617	77.6	77.6
室内非冲水	77	9.7	87.3
室外冲水公厕	24	3.0	90.3
室外非冲水公厕	35	4.4	94.7
室外非冲水厕所	26	3.3	98.0
其他	16	2.0	100.0
合　计	795	100.0	—

此外，77.7%（618户）的家庭房屋里没有苍蝇，有22.3%（177户）的家庭房屋内有苍蝇。

第六章
家庭经济状况

　　家庭的经济状况包含家庭收入与家庭支出两个部分。家庭的收入与支出状况是维系家庭这一社会基本单位的物质基础，它对于了解、分析诸多家庭现象和社会现象都具有重要的作用。家庭的收入与支出在理论上应该与家庭成员的收入与支出状况基本保持一致：一方面，家庭的收入与支出由家庭成员的收入与支出构成，两者之间存在必然的相关性，个人的教育、职业地位、收入的来源与途径都会在一定程度上体现在家庭收入上。另一方面，家庭收入也受到宏观的经济状况、再分配机制、社会保障体系以及地方政府行为等因素的影响，在不管是在珠三角经济发达的城市地区，还是在经济欠发达的非珠三角农村地区，政府征用土地给予的补偿金都会构成居民家庭收入的重要来源。

　　家庭的收入与支出既可以反映出特定时代背景下的家庭经济活动状况，又能够体现不同类型的家庭在收入来源及消费支出上所存在的差异性特征。在当今社会，随着社会的变迁和经济的发展，家庭的收入和支出状况都在不断地发生变化。

第一节　征地拆迁与家庭收入

一　征地拆迁

　　上一年，常住人口家庭中有 2.6% 的家庭经历过拆迁，3.2% 的常住人口家庭经过土地被征用，在被征用的土地中，好田地平均为 0.54 亩（标准差为 0.98 亩），被征收的好田地最多为 4.8 亩；坏田地平均为 0.1 亩（标准差为 0.45 亩），被征收的坏田地最多为 3 亩。

二　家庭收入构成

调查结果表明，22.1%的广东家庭有离/退休金、失业保险金等收入来源，城乡家庭的比例分别为36.1%和11.1%；8.0%的广东家庭有社会救助金/低保等收入来源，城乡家庭比例分别为4.9%和10.5%；71.6%的广东家庭有工资性收入，城乡家庭比例分别为81.9%和63.5%；11.9%的广东家庭有股票，城乡家庭比例分别为21.2%和4.7%；6.9%的广东家庭有基金，城乡家庭比例分别为12.0%和2.9%；0.9%的广东家庭有债券，城乡家庭比例分别为1.7%和0.2%；84.5%的广东家庭没有股票、基金和债券，城乡家庭比例分别为72.2%和94.0%（见表6－1）。

表 6 - 1　城乡家庭收入来源构成

单位：%

类别	选项	总体情况	城市家庭	农村家庭
离/退休金、失业保险金等收入来源	是	22.1	36.1	11.1
	否	77.9	63.9	88.9
	合　计	100.0	100.0	100.0
社会救助金/低保等收入来源	是	8.0	4.9	10.5
	否	92.0	95.1	89.5
	合　计	100.0	100.0	100.0
工资性收入	是	71.6	81.9	63.5
	否	28.4	18.1	36.5
	合　计	100.0	100.0	100.0
股票	是	11.9	21.2	4.7
	否	88.1	78.8	95.3
	合　计	100.0	100.0	100.0
基金	是	6.9	12.0	2.9
	否	93.1	88.0	97.1
	合　计	100.0	100.0	100.0
债券	是	0.9	1.7	0.2
	否	99.1	98.3	99.8
	合　计	100.0	100.0	100.0
股票、基金和债券均没有	是	84.5	72.2	94.0
	否	15.5	27.8	6.0
	合　计	100.0	100.0	100.0

2012年广东家庭的工资性收入平均为5.36万元（标准差为6.96万元），中位数为3.60万元；家庭汇款收入平均为0.19万元（标准差为0.72

万元），中位数为 0 元；汇款收入中来自海外亲人汇款的平均值为 0.01 万元（标准差为 0.17 万元），中位数为 0 元；上年广东家庭全家总收入平均为 5.44 万元（标准差为 6.98 万元），中位数为 3.60 万元（见表 6 - 2）。

表 6 - 2　2012 年广东家庭年收入的基本构成

单位：万元，个

收入结构	均值	标准差	中位数	样本量
工资性收入（所有工作人口的薪酬、补贴、奖金）	5.36	6.96	3.60	563
汇款收入	0.19	0.72	0	790
汇款收入中来自海外亲人汇款	0.01	0.17	0	739
上年全家总收入	5.44	6.98	3.60	772

城乡家庭收入差距明显。城市家庭工资性收入平均为 7.16 万元，农村家庭为 3.61 万元，前者是后者的 1.98 倍；城市家庭上一年全家总收入平均为 7.65 万元，农村家庭为 3.75 万元，前者是后者的 2.04 倍（见表 6 - 3）。

表 6 - 3　家庭收入构成的城乡差异与地区差异

单位：万元，个

	收入结构	均值	标准差	中位数	样本量
城市家庭	工资性收入（所有工作人口的薪酬、补贴、奖金）	7.16	9.12	4.80	278
	汇款收入	0.16	0.76	0	345
	汇款收入中来自海外亲人汇款	0.01	0.13	0	328
	上年全家总收入	7.65	8.86	5.100	334
农村家庭	工资性收入（所有工作人口的薪酬、补贴、奖金）	3.61	2.93	3.00	285
	汇款收入	0.21	0.68	0	445
	汇款收入中来自海外亲人汇款	0.01	0.20	0	411
	上年全家总收入	3.75	4.43	2.560	438
珠三角家庭	工资性收入（所有工作人口的薪酬、补贴、奖金）	6.34	8.02	4.00	390
	汇款收入	0.12	0.65	0	494
	汇款收入中来自海外亲人汇款	0.01	0.11	0	480
	上年全家总收入	6.98	8.28	5.00	478
非珠三角家庭	工资性收入（所有工作人口的薪酬、补贴、奖金）	3.16	2.46	2.400	173
	汇款收入	0.31	0.81	0	296
	汇款收入中来自海外亲人汇款	0.02	0.25	0	259
	上年全家总收入	2.92	2.52	2.00	294

家庭收入的地区差异也很显著。珠三角地区家庭工资性收入平均为 6.34 万元，非珠三角地区为 3.16 万元，前者是后者的 2 倍；珠三角地区家

庭上一年全家总收入平均为 6.98 万元，非珠三角地区为 2.92 万元，前者是后者的 2.39 倍。

调查结果表明，广东家庭年收入的分布情况呈现以下特征。

（1）15% 的广东家庭属于低收入家庭，年收入在 1 万元及以下；46.4% 的广东家庭年收入在 3 万元以下。

家庭年收入在 1 万元及以下的比例为 15.0%，通常意义上我们用人均年收入指标来界定某个家庭是否为贫困家庭，所以我们推测虽然广东贫困家庭的数量已经大大减少，但仍然有一定比例的家庭属于低收入家庭乃至贫困家庭。家庭年收入在 10001～20000 元的比例为 17.5%，20001～30000 元的比例为 13.9%，30001～40000 元的比例为 11.0%，40001～50000 元的比例为 9.1%，50001～100000 元的比例为 23.1%，100000 元以上的比例为 10.5%（见表 6 - 4）。总的来看，随着经济社会的发展，广东家庭年收入在 50001 元以上的比例在增加，34.6% 的广东家庭年收入在 5 万元以上。

表 6 - 4 家庭年收入的基本分布

单位：个，%

家庭年收入	频数	占比	累积占比
10000 元及以下	116	15.0	15.0
10001～20000 元	135	17.5	32.5
20001～30000 元	107	13.9	46.4
30001～40000 元	85	11.0	57.4
40001～50000 元	70	9.1	66.5
50001～100000 元	178	23.1	89.5
100000 元以上	81	10.5	100.0

（2）家庭收入的地区差异和城乡差异比较明显。

第一，珠三角地区家庭年收入在 10000 元及以下的比例为 10.0%，而非珠三角地区家庭为 23.1%；城市家庭年收入在 10000 元及以下的比例为 6.6%，而农村家庭为 21.5%。非珠三角地区家庭年收入在 1 万元及以下的比例是珠三角地区家庭的 2.31 倍，农村家庭年收入在 1 万元及以下的比例是城市家庭的 3.26 倍（见表 6 - 5）。可见，广东的低收入家庭主要集中在农村地区和非珠三角地区。

第二，珠三角地区家庭年收入在 10 万元以上的比例为 15.7%，非珠三角地区为 2.0%；城市家庭年收入在 10 万元以上的比例为 18.0%，农村家庭年收入在 10 万元以上的比例为 4.8%。珠三角地区高收入水平家庭是非珠三角地区的 7.85 倍，城市高收入家庭是农村地区的 3.75 倍。通过比较不同地区和城乡的家庭收入差异可以发现，广东省内经济发展很不平衡，高收入家庭主要集中在城市和珠三角地区，低收入家庭主要集中在农村和非珠三角地区。

表 6 - 5　家庭年收入的地区差异和城乡差异

单位：%

家庭年收入	珠三角地区	非珠三角地区	城市	农村
10000 元及以下	10.0	23.1	6.6	21.5
10001～20000 元	10.9	28.2	12.6	21.2
20001～30000 元	11.7	17.3	9.9	16.9
30001～40000 元	11.9	9.5	11.1	11.0
40001～50000 元	9.4	8.5	9.6	8.7
50001～100000 元	30.3	11.2	32.3	16.0
100000 元以上	15.7	2.0	18.0	4.8

第二节　家庭资产

一　耐用消费品与生产工具

摩托车（含电动摩托车）在广东的普及程度较高，一半以上的家庭都有摩托车，16.3% 的广东家庭拥有小汽车。调查结果具体如下。

16.3% 的广东家庭有小汽车，平均每个家庭有 1.18 辆（标准差为 0.51 辆），最多的一个家庭有 4 辆车；平均每辆车的价格为 15.19 万元（标准差为 10.57 万元），价格最高的一辆车为 70 万元；此外，8.9% 的小汽车是在 2000 年以前购买的，2001～2005 年购买的小汽车数量占 25.2%，2006 年至今购买的小汽车数量占 65.9%。

53.8% 的广东家庭有摩托车（含电动摩托车），平均每个家庭有 1.47 辆摩托车（标准差为 0.75 辆），最多的一个家庭有 6 辆摩托车；平均每辆摩托车的价格为 0.62 万元（标准差为 0.62 万元），价格最高的一台摩托车为 7 万元。

5.4% 的广东家庭有拖拉机，平均每个家庭有 1.2 辆拖拉机（标准差为 0.6 辆），最多的一个家庭有 4 辆拖拉机；平均每辆拖拉机的价格为 0.72 万元（标准差为 0.60 万元），最贵的一辆拖拉机为 2.6 万元，最便宜的为 0.15 万元。

　　1.1% 的广东家庭有大型农机具（如收割机、插秧机、播种机、联合收割机），平均每个家庭有 1.14 台（标准差为 0.38 台），最多的一个家庭有 2 台大型农机具；平均每辆大型农机具价格为 1.59 万元（标准差为 3.18 万元），最贵的为 8.8 万元，最便宜的为 0.10 万元。

　　6.4% 的广东家庭有用于生产性的牲畜（如牛、马、骡子、驴等），平均每个家庭有生产性牲畜 1.6 头（标准差为 0.92 头），最多的一个家庭有 5 头，最少的家庭有 1 头；生产性牲畜的平均价格为 6475.1 元（标准差为 11906.4 元），最贵的一头生产性牲畜价值 84000 元。

　　家庭拥有耐用消费品的情况具体如下：96.8% 的广东家庭有彩电，城乡家庭拥有比例分别为 97.7% 和 96.2%；53.2% 的广东家庭有空调，城乡家庭拥有空调的比例分别为 78.4% 和 33.6%；72.4% 的广东家庭有冰箱，城乡家庭拥有冰箱的比例分别为 84.4% 和 63.1%；60.7% 的广东家庭有洗衣机，城乡家庭拥有洗衣机的比例分别为 78.7% 和 46.6%；1.1% 的广东家庭有钢琴，城乡家庭拥有钢琴的比例分别为 2.3% 和 0.2%；69.8% 的广东家庭有 VCD/DVD，城乡家庭拥有 VCD/DVD 的比例分别为 76.7% 和 64.4%；32.4% 的广东家庭有录像机/照相机，城乡家庭拥有录像机/照相机的比例分别为 52.4% 和 16.7%（见表 6 - 6）。

表 6 - 6　城乡耐用消费品分布情况

单位：%

类别	选项	总体情况	城市家庭	农村家庭
彩电	是	96.8	97.7	96.2
	否	3.2	2.3	3.8
	合　计	100.0	100.0	100.0
空调	是	53.2	78.4	33.6
	否	46.8	21.6	66.4
	合　计	100.0	100.0	100.0
冰箱	是	72.4	84.4	63.1
	否	27.6	15.6	36.9
	合　计	100.0	100.0	100.0
洗衣机	是	60.7	78.7	46.6
	否	39.3	21.3	53.4
	合　计	100.0	100.0	100.0

续表

类别	选项	总体情况	城市家庭	农村家庭
钢琴	是	1.1	2.3	0.2
	否	98.9	97.7	99.8
	合　计	100.0	100.0	100.0
VCD/DVD	是	69.8	76.7	64.4
	否	30.2	23.3	35.6
	合　计	100.0	100.0	100.0
录像机/照相机	是	32.4	52.4	16.7
	否	67.6	47.6	83.3
	合　计	100.0	100.0	100.0

二　家庭债务

接近 26% 的广东家庭有债务，农村家庭有债务的比例比城市家庭高 8.6 个百分点。74.2% 的广东家庭没有债务，有家庭债务的比例为 25.8%，其中城市家庭有债务的比例为 21.0%，农村家庭有债务的比例为 29.6%。

只有 15.3% 的广东家庭曾经成功从银行/信用社借贷用于建房/购房，城市家庭的比例为 32.9%，农村家庭的比例为 4.9%，通过从银行/信用社借贷用于生产、购买耐用消费品、教育、治病等目的的行为几乎可以忽略。可见，不管是居民总体，还是城市居民或农村居民，除了城市居民从银行、信用社等正规途径或从非正式的民间借贷组织贷款用于建房/购房比较常见外，城乡居民几乎不会出现向银行/信用社和民间借贷组织贷款用于生产、购买耐用消费品、教育和治病。

但是，通过向亲戚/朋友成功借贷用于生产、建房/购房、购买耐用消费品、教育和治病等目的的行为却比较常见。15.5% 的广东家庭向亲戚/朋友借款用于生产，城乡家庭的比例分别为 12.5% 和 17.2%；34.7% 的广东家庭向亲戚/朋友借款用于建房/购房，城乡家庭的比例分别为 23.3% 和 41.1%；2.0% 的广东家庭向亲戚/朋友借款用于购买耐用消费品，城乡家庭的比例分别为 1.4% 和 2.4%；14.1% 的广东家庭向亲戚/朋友借款用于教育，城乡家庭的比例分别为 13.7% 和 14.3%；14.1% 的广东家庭向亲戚/朋友借款用于治病，城乡家庭的比例分别为 11.1% 和 16.5%（见表 6－7）。

广东居民从银行/信用社贷款用于生产性投资的比例很低，只有13.4%的家庭曾经成功从银行/信用社贷到款用于生产性投资，城乡家庭成功从银行/信用社贷到款用于生产性投资的比例分别为18.9%和9.7%，可见，城市家庭从银行/信用社贷款用于生产性投资的比例是农村家庭的1.95倍。

表6-7 城乡家庭借款用途

单位：%

来源	用途	总体情况	城市家庭	农村家庭
银行/信用社	生产	2.0	2.7	1.6
	建房/购房	15.3	32.9	4.9
	购买耐用消费品	0	0	0
	教育	1.0	2.7	0
	治病	0	0	0
民间借贷组织	生产	0.5	1.4	0
	建房/购房	1.0	0	1.6
	购买耐用消费品	0.5	0	0.8
	教育	1.0	1.4	0.8
	治病	0	0	0
亲戚/朋友	生产	15.5	12.5	17.2
	建房/购房	34.7	23.3	41.1
	购买耐用消费品	2.0	1.4	2.4
	教育	14.1	13.7	14.3
	治病	14.1	11.1	16.5

第三节 家庭消费支出结构

本次调查从家庭日常支出和家庭各项特殊支出两个方面来了解家庭的消费支出状况。家庭日常消费支出主要包括例行性的用于维持家庭基本生计和再生产的各种费用，如食品支出、日常用品支出、出行支出、通信支出、按揭支出等，它属于刚性支出。家庭各项特殊支出包括家电支出、医疗保健支出、衣着支出、教育文化支出、休闲支出、保险支出等，它在支出额度上有一定的弹性，并且是和家庭生活的质量紧密相关的。

（1）家庭消费总支出。调查结果表明，上一年，广东家庭消费总支出平均为 42553.4 元（标准差为 43077.04 元），中位数为 30000 元。其中，食品消费支出平均为 15531.7 元（标准差为 13403.9 元），占家庭消费总支出的 36.5%；医疗保健支出平均为 4187.5 元，（标准差为 14297.1 元），占家庭消费总支出的 9.8%；教育支出（包括成人和孩子所有教育费用总和）平均为 4786.1 元（标准差为 10283.2 元），占家庭消费总支出的 11.3%；居住常规支出（如水费、电费、煤气费等）平均为 3703.8 元（标准差为 5383.9 元），占家庭消费总支出的 8.7%；住房装修支出为 4558.1 元（标准差为 41019.5 元），占家庭消费总支出的 10.7%；购买冰箱、空调、电视机等家电设备支出平均为 933.4 元（标准差为 3384.9 元），占家庭消费总支出的 2.3%；汽车交通设备常规支出（含保险、过路费过桥费等养车费用、燃油费、修理费等）平均为 3909.9 元（标准差为 17299.4 元），占家庭消费总支出的 9.2%；礼品和礼金支出总额平均为 1617.3 元（标准差为 3903.9 元），占家庭消费总支出的 3.8%；自家婚丧嫁娶费用平均支出为 1873.1 元（标准差为 11267.7 元），占家庭消费总支出的 4.4%；赡养/抚养费用平均为 1885.5 元（标准差为 6461.9 元），占家庭消费总支出的 4.4%；旅游度假支出平均为 1113.2 元（标准差为 3967.0 元），占家庭消费总支出的 2.6%（见表 6 - 8）。

表 6 - 8　家庭消费支出情况

单位：元，个

类别	均值	标准差	中位数	样本量
上年的家庭总支出	42553.4	43077.0	30000.0	779
其中:食品消费支出	15531.7	13403.9	12000.0	785
医疗保健支出	4187.5	14297.1	1000.0	776
教育支出(包括成人和孩子所有教育费用的总和)	4786.1	10283.2	600.0	781
居住常规支出(如水费、电费、煤气费等)	3703.8	5383.9	2100.0	783
住房装修支出	4558.1	41019.5	0	770
购买冰箱、空调、电视机等家电设备支出	933.4	3384.9	0	777
汽车交通设备常规支出(含保险、过路费过桥费等养车费用、燃油费、修理费等)	3909.9	17299.4	500.0	766
礼品和礼金支出总额	1617.3	3903.9	600.0	774
自家婚丧嫁娶费用	1873.1	11267.7	0	767
赡养/抚养费用	1885.5	6461.9	0	767
旅游度假支出	1113.2	3967.0	0	768

超过一半的广东家庭上一年消费支出总额在 30000 元及以下，其中，家庭消费总支出在 10000 元及以下的比例为 15.7%，10001～20000 元的比例为 20.2%，20001～30000 元的比例为 17.3%，30001～40000 元的比例为 12.6%，40001～50000 元的比例为 9.1%，50001～100000 元的比例为 18.5%，100000 元以上的比例为 6.7%（见表 6 - 9）。

表 6 - 9 家庭消费支出分布

单位：个，%

支出额度	数量	占比	累积占比
10000 元及以下	122	15.7	15.7
10001～20000 元	157	20.2	35.8
20001～30000 元	135	17.3	53.1
30001～40000 元	98	12.6	65.7
40001～50000 元	71	9.1	74.8
50001～100000 元	144	18.5	93.3
100000 元以上	52	6.7	100.0

家庭消费支出的地区差异明显。珠三角地区家庭上一年的总支出平均为 51001.6 元（标准差为 46307.6 元），非珠三角地区家庭为 28307.8 元（标准差为 32404.4 元），珠三角地区家庭上一年消费支出平均比非珠三角地区家庭高 22693.8 元，非珠三角地区家庭上一年家庭消费总支出平均值相当于珠三角地区家庭的 55.5%，这表明非珠三角地区家庭一年消费总支出平均值只相当于珠三角地区家庭的一半多一点。

此外，在各种家庭消费支出中，食品消费支出均居首位，珠三角地区家庭食品消费支出平均为 19570.2 元（标准差为 14763.8 元），非珠三角地区家庭为 8713.1 元（标准差为 6421.5 元），珠三角地区家庭一年的食品消费支出平均值比非珠三角地区家庭多 10857.1 元（见表 6 - 10），非珠三角地区家庭家庭食品消费支出平均值为珠三角地区家庭的 44.5%，这表明非珠三角地区家庭一年食品消费支出平均值不及珠三角地区家庭的一半。从食品支出占家庭消费总支出的比值来看，珠三角地区家庭上一年食品消费支出平均值占家庭消费总支出平均值的 38.4%，非珠三角地区家庭为 30.8%。

表 6 – 10　家庭消费总支出的地区差异

单位：元

类别	珠三角地区家庭		非珠三角地区家庭	
	均值	标准差	均值	标准差
上年的家庭总支出	51001.6	46307.6	28307.8	32404.4
其中：食品消费支出	19570.2	14763.8	8713.1	6421.5
医疗保健支出	4589.2	14932.7	3510.5	13154.2
教育支出(包括成人和孩子所有教育费用总和)	5645.7	12005.8	3362.2	6257.1
居住常规支出(如水费、电费、煤气费等)	4819.1	6008.2	1848.6	3421.9
住房装修支出	4769.5	48861.5	4206.2	22660.4
购买冰箱、空调、电视机等家电设备支出	1220.8	4182.7	458.6	1071.5
汽车交通设备常规支出(含保险、路桥等养车费用、燃油费、修理费等)	4347.5	15802.1	3179.4	19552.3
礼品和礼金支出总额	1703.0	4677.4	1477.4	2100.1
自家婚丧嫁娶费用	2212.6	13359.4	1305.1	6372.7
赡养/抚养费用	2441.8	7920.5	955.1	2319.4
旅游度假支出	1667.4	4806.4	179.0	1402.7

　　家庭消费支出的城乡差异同样突出。城市家庭上一年的总支出平均为
55734.1 元（标准差为 47659.3 元），农村家庭为 32291.7 元（标准差为
35989.9 元），城市家庭上一年消费支出平均比农村家庭高 23442.4 元（见
表 6 – 11），农村家庭上一年家庭消费总支出平均值相当于城市家庭的
57.9%，这表明广东农村家庭一年消费总支出平均值相当于广东城市家庭的
六成不到。

　　此外，在各种家庭消费支出中，食品消费支出均居首位，城市家庭食品
消费支出平均为 21529.6 元（标准差为 14603.8 元），农村家庭为 10901.2
元（标准差为 10238.1 元），城市家庭一年的食品消费支出平均值比农村家
庭多 10628.4 元，农村家庭食品消费支出平均值为城市家庭的 50.6%，这
表明农村家庭一年食品消费支出平均值相当于城市家庭的一半多一点。从食
品支出占家庭消费总支出的比值来看，城市家庭上一年食品消费支出平均值
占家庭消费总支出平均值的 38.6%，农村家庭为 33.8%。

　　半数以上的非珠三角地区家庭消费总支出在 20000 元以下，其中
22.8% 的非珠三角地区家庭年消费总支出在 10000 元及以下，29.7% 的非珠

表 6 - 11 家庭消费总支出的城乡差异

单位：元

类别	城市家庭		农村家庭	
	均值	标准差	均值	标准差
上年的家庭总支出	55734.1	47659.3	32291.7	35989.9
其中:食品消费支出	21529.6	14603.8	10901.2	10238.1
医疗保健支出	5177.5	17137.3	3431.5	11637.0
教育支出(包括成人和孩子所有教育费用总和)	6285.9	13108.4	3647.7	7269.6
居住常规支出(如水费、电费、煤气费等)	5337.7	6564.6	2449.6	3821.1
住房装修支出	4978.8	56561.7	4237.5	23051.2
购买冰箱、空调、电视机等家电设备支出	1483.2	4696.8	512.2	1720.3
汽车交通设备常规支出(含保险、路桥等养车费用、燃油费、修理费等)	4157.7	15663.4	3725.2	18439.3
礼品和礼金支出总额	1920.6	4380.9	1389.5	3491.1
自家婚丧嫁娶费用	2514.8	15182.5	1385.8	6938.8
赡养/抚养费用	3074.4	9243.9	968.4	2497.3
旅游度假支出	2087.1	5518.3	363.5	1778.2

三角地区家庭年消费总支出为10001~20000元，而珠三角地区家庭年消费总支出在20000元以下的比例为26.0%，其中家庭消费总支出在10000元以下的为11.5%，家庭消费总支出为10001~20000元的为14.5%。34%的珠三角地区家庭消费总支出在50000元以上，非珠三角地区只有10.4%，珠三角地区家庭消费总支出为50001~100000元的比例为26.0%，非珠三角地区家庭为5.9%，珠三角地区家庭消费总支出在100000元以上的比例为8.0%，非珠三角地区家庭为4.5%。此外，珠三角地区家庭消费总支出为30001~40000元的比例为13.5%，非珠三角地区家庭为11.0%，珠三角地区家庭消费总支出为40001~50000元的比例为12.7%，非珠三角地区家庭为3.1%（见表6-12）。

近半数农村家庭消费总支出在20000元以下，其中23.7%的农村家庭年消费总支出在10000元及以下，25.8%的农村家庭年消费支出为10001~20000元，而城市家庭年消费总支出在20000元以下的比例只有18.2%，其中家庭消费总支出在10000元及以下的比例为5.3%，家庭消费总支出为10001~20000元的比例为12.9%。将近40%的城市家庭消费总支出在

50000 元以上，农村家庭只有 16.3%，城市家庭消费总支出为 50001 ~ 100000 元的比例为 28.7%，农村家庭为 10.5%，城市家庭消费总支出在 100000 元以上的比例为 9.1%，农村家庭为 4.8%。此外，城市家庭消费总支出为 30001 ~ 40000 元的比例为 15.0%，农村家庭为 10.7%，城市家庭消费总支出为 40001 ~ 50000 元的比例为 13.2%，农村家庭为 5.9%。

表 6 - 12　广东家庭消费支出的地区差异与城乡差异

单位：%

支出额度	珠三角地区	非珠三角地区	城市	农村
10000 元及以下	11.5	22.8	5.3	23.7
10001 ~ 20000 元	14.5	29.7	12.9	25.8
20001 ~ 30000 元	13.9	23.1	15.8	18.5
30001 ~ 40000 元	13.5	11.0	15.0	10.7
40001 ~ 50000 元	12.7	3.1	13.2	5.9
50001 ~ 100000 元	26.0	5.9	28.7	10.5
100000 元以上	8.0	4.5	9.1	4.8

　　（2）食品支出。恩格尔系数是国际上通用的衡量居民生活水平高低的一项重要指标，它用家庭食品支出占消费总支出的比例来说明经济发展、收入增加对生活消费的影响程度。通常来讲，恩格尔系数会随着家庭收入和生活水平的提高而下降，随着收入的增加，在食物需求基本满足的情况下，消费的重心才会逐步向其他方面转移。因此，一个国家或家庭生活越贫困，恩格尔系数就越大；反之，生活越富裕，恩格尔系数就越小。根据联合国粮农组织提出的标准，恩格尔系数在 59% 以上为贫困，50% ~ 59% 为温饱，40% ~ 50% 为小康，30% ~ 40% 为富裕，低于 30% 为最富裕。2012 年的调查结果表明，广东家庭总支出平均为 42553.4 元，食品消费支出平均为 15531.7 元，食品消费支出平均值占家庭消费总支出平均值的 36.5%，这表明广东家庭的恩格尔系数较低，处在富裕水平。此外，不同家庭食品消费支出存在较大的标准差（13403.9 元），这又反映出广东家庭之间的贫富差距较大。

　　（3）医疗保健支出。近年来随着民众看病难和看病贵的情况不断发展，越来越多的民众开始注重养身保健，期望通过身体保健来降低疾病风险和减少日后的医疗支出。2012 年的调查结果表明，广东家庭年均医疗保健支出为 4187.5 元（标准差为 14297.1 元），医疗保健平均支出占 2012 年消费总支出平均值的 9.84%，这意味着医疗保健支出将占广东家庭消费总支出的近 1/10。

（4）教育支出。2012 年广东家庭平均教育支出为 4786.1 元（标准差为 10283.2 元），城市家庭平均教育支出为 6285.9 元（标准差为 13108.4 元），农村家庭平均教育支出为 3647.8 元（标准差为 7269.6 元），珠三角地区家庭平均教育支出为 5645.8 元（标准差为 12005.9 元），非珠三角地区家庭平均教育支出为 3362.2 元（标准差为 6257.1 元）。

（5）居住常规支出。上一年广东家庭居住常规支出平均为 3703.8 元，城市家庭平均为 5337.7 元，农村家庭平均为 2449.6 元，珠三角家庭平均为 4819.1 元，非珠三角地区家庭平均为 1848.6 元。可见，在水费、电费、煤气费等日常支出方面，城市家庭每年要比农村家庭平均高 2888.1 元，平均每月高 240.7 元，珠三角地区家庭比非珠三角地区家庭高 2972.5 元，平均每月高 247.7 元。

（6）住房装修支出。上一年广东家庭住房装修支出平均为 4558.1 元，城市家庭为 4978.8 元，农村家庭为 4237.5 元，珠三角地区家庭为 4769.5 元，非珠三角地区家庭为 4206.2 元。城市家庭年住房装修支出平均比农村家庭高 741.5 元，珠三角地区家庭年住房装修支出平均比非珠三角地区家庭高 563.3 元。可见，随着中国房地产经济的发展和民众对居住环境、居住质量的重视，用于住房装修的费用和支出也越来越高，并且不管经济发达与否，也不分城市与农村，民众都愿意对装修住房进行投资，这也是导致城乡之间和地区之间家庭年均装修费用差距较小的重要因素。

（7）耐用消费品支出。耐用消费品包括购买冰箱、空调、电视机等家电设备和汽车交通设备（含保险、过路费过桥费等养车费用、燃油费、修理费等）两大部分。其中，购买冰箱、空调、电视机等家电设备支出的总平均值为 933.4 元，城市为 1483.2 元，农村为 512.2 元，珠三角地区为 1220.8 元，非珠三角地区为 458.6 元；汽车交通设备支出（含保险、过路费过桥费等养车费用、燃油费、修理费等）平均为 3909.9 元，城市家庭为 4157.7 元，农村家庭为 3725.2 元，珠三角地区家庭为 4347.5 元，非珠三角地区家庭为 3179.4 元。可见，随着汽车的普及和汽车社会的来临，广东家庭用于汽车及衍生消费的支出会相应增加。

（8）人情支出。中国是一个人情社会，也是一个关系社会，人情开支是很多家庭重要的刚性支出。在本次调查中，人情支出包括礼品和礼金支出总额、自家婚丧嫁娶费用这两大部分。调查结果表明，广东家庭上一年礼品和礼金支出总额平均为1617.3元，城市家庭为1920.6元，农村家庭为1389.5元，珠三角地区家庭为1703.0元，非珠三角地区家庭为1477.4元；广东家庭上一年自家婚丧嫁娶费用平均为1873.1元，城市家庭为2514.8元，农村家庭为1385.8元，珠三角地区家庭为2212.6元，非珠三角地区家庭为1305.1元。在人情开支中的自家婚丧嫁娶费用中，经济越发达，平均支出也越高。

（9）家庭赡养/抚养费用。虽然中国社会化的小孩抚养和养老越来越完善，覆盖面也越来越大，但家庭赡养/抚养仍将会是中国最重要的赡养/抚养方式。调查结果表明，上一年，广东家庭赡养/抚养费用平均为1885.5元（标准差为6461.9元），城市家庭为3074.4元（标准差为9243.9元），农村家庭为968.4元（标准差为2497.3元），珠三角地区家庭为2441.8元（标准差为7920.5元），非珠三角地区家庭为955.1元（标准差为2319.4元）。可见，一方面，无论是老人赡养还是小孩抚养，城市家庭的支出平均水平都大大高于农村家庭，珠三角地区家庭大大高于非珠三角地区家庭，这表明经济越发达，家庭赡养老人和抚养小孩的水平相对越高；另一方面，家庭之间的赡养/抚养费用支出差异很大，不管是城市家庭与农村家庭之间、珠三角地区家庭与非珠三角地区家庭之间，赡养/抚养费用的差异均十分明显，城市家庭赡养/抚养费用的标准差为9243.9元，农村家庭为2497.3元，珠三角地区家庭为7920.5元，非珠三角地区家庭为2319.4元。

（10）旅游度假支出。随着越来越多的地区将旅游业作为本地经济的主要产业，旅游市场也越来越火爆，民众外出旅游度假的现象也越来越普遍。调查结果表明，上一年，广东家庭旅游度假支出平均为1113.2元（标准差为3697.0元），城市家庭为2087.1元（标准差为5518.3元），农村家庭为363.5元（标准差为1778.2元），珠三角地区家庭为1667.4元（标准差为4806.4元），非珠三角地区家庭为179.0元（标准差为1402.7元）。可见，广东家庭在旅游度假支出方面存在显著的城乡差异和地区差异，上一年，城市家庭旅游度假平均支出是农村家庭的5.74倍，珠三角地区家庭是非珠三角地区家庭的9.32倍。

第七章
子女教育与家庭地位

第一节 子女教育情况

一 在校小孩数量

一半广东家庭有小孩正在上学。调查结果表明，有 49.9%（397 户）的家庭没有小孩在上学，此外，有 31.8%（253 户）的家庭有 1 个小孩在上学，有 15.1%（120 户）的家庭有 2 个小孩在上学，有 2.6%（21 户）的家庭有 3 个小孩在上学，有 0.4%（3 户）的家庭有 4 个小孩在上学，各有 0.1%（1 户）的家庭有 5 个或 6 个小孩在上学。

城市家庭没有小孩上学的比例略高于农村家庭，此外，城市家庭有 2 个及以上小孩上学的比例要低于农村家庭。有 51.6%（179 户）的城市家庭没有小孩上学，农村家庭为 48.6%（218 户）；有 36.6%（127 户）的城市家庭有 1 个小孩上学，农村家庭为 28.1%（126 户）；有 10.1%（35 户）的城市家庭有 2 个小孩上学，农村家庭为 18.9%（85 户）；有 1.7%（5 户）的城市家庭有 3 个及以上小孩上学，农村家庭为 4.4%（20 户）。

珠三角地区家庭无小孩上学的比例要高于非珠三角地区家庭。有 53.1%（264 户）的珠三角地区家庭没有小孩上学，非珠三角地区家庭为 44.5%（133 户）；有 33.4%（166 户）的城市家庭有 1 个小孩上学，非珠三角地区家庭为 29.1%（87 户）；有 11.5%（57 户）的珠三角地区家庭有 2 个小孩上学，非珠三角地区家庭为 21.1%（63 户）；有 2.0%（10 户）的珠三角地区家庭有 3 个及以上小孩在上学，非珠三角地区家庭为 4.9%（16 户）。

二　小孩就学情况

由于有一半的被调查家庭没有小孩上学，且在有小孩上学的家庭中，绝大多数上学小孩数集中在 1～3 人，因此，在分析小孩就学情况时将重点分析家庭中前三个小孩的就学情况。

农业户口在学小孩比例远远高于非农户口在学小孩。调查结果表明，在第一个小孩中，农业户口比例为 67.7%，非农户口为 32.3%，前者比后者高 35.4 个百分点；在第二个小孩中，农业户口比例为 82.1%，非农户口为 17.9%，前者比后者高 64.2 个百分点；在第三个小孩中，农业户口比例为 80.0%，非农户口比例为 20.0%，前者比后者高 60 个百分点（见表 7-1）。可见，随着家庭中在学小孩数量增多，城市家庭所占比例在不断降低，农村家庭所占比例在提高，这意味着多子女家庭主要集中在农村地区。

八成以上的在学孩子在公办学校上学。调查结果表明，在第一个孩子中，在民办学校上学的比例为 18.5%，在公办学校上学的比例为 81.5%；在第二个孩子中，在民办学校上学的比例为 17.5%，在公办学校上学的比例为 82.5%；在第三个孩子中，在民办学校上学的比例为 12.0%，在公办学校上学的比例为 88.0%。绝大多数家庭的子女都在公办学校上学，并且家庭子女数量增多，在民办学校上学的比例在降低。

绝大部分在学孩子的学习成绩在中等及以上。调查结果表明，在第一个孩子中，学习成绩非常好的比例为 7.7%，好的比例为 30.8%，中等的比例为 53.5%，差的比例为 5.4%，很差的比例为 2.6%；在第二个孩子中，学习成绩非常好的比例为 7.8%，好的比例为 34.0%，中等的比例为 46.8%，差的比例为 7.1%，很差的比例为 4.3%；在第三个孩子中，学习成绩非常好的比例为 4.0%，好的比例为 40.0%，一般的比例为 40.0%，差的比例为 12.0%，很差的比例为 4.0%。

八成以上的在学孩子没有上补习班。在第一个孩子中上补习班的比例为 19.5%，第二个孩子为 9.7%，第三个孩子为 12.0%。在上补习班的孩子中，一半以上都选择课程强化班。在第一个孩子中，选择课程强化班的比例为 57.8%，其次是 21.7% 的孩子选择兴趣班；在第二个孩子中有 71.4% 选择课程强化班，第三个孩子中则是 100% 选择课程强化班。

没有兼职/打工，也没有做志愿者活动的在学孩子的比例均在八成以上。调查结果表明，在第一个孩子中无兼职/打工的比例为 83.7%，第二个孩子为89.5%，第三个孩子为80.0%；在第一个孩子中没有做志愿者活动的比例为86.5%，第二个孩子为88.2%，第三个孩子为80.0%。

在学孩子的上学总费用（含学杂费、食宿费、交通费、补习费、家教费、兴趣班等）呈现出一定程度的两极分化，半数在学小孩的上学总费用在3000元以上，也有相当比例的在学小孩的上学总费用在8000元以上。调查结果表明，第一个孩子上学总费用平均为8035.2元，第二个孩子为4399.6元，第三个孩子为157.5元。此外，第一个孩子上学总费用在1000元及以上的比例为29.1%，第二个孩子为35.5%，第三个孩子为54.2%；第一个孩子上学总费用在1001~3000元的比例为20.4%，第二个孩子为31.2%，第三个孩子为12.5%；第一个孩子上学总费用在3001~5000元的比例为9.5%，第二个孩子为7.8%，第三个孩子为12.5%；第一个孩子上学总费用在5001~8000元的比例为9.5%，第二个孩子为7.8%；第一个孩子上学总费用在8000元以上的比例为31.4%，第二个孩子为17.7%，第三个孩子为20.8%。

表7-1　小孩就学情况

单位：个，%

项目		第一个小孩		第二个小孩		第三个小孩	
		数量	占比	数量	占比	数量	占比
户口性质	农业户口	268	67.7	119	82.1	20	80.0
	非农户口	128	32.3	26	17.9	5	20.0
就读学校性质	民办学校	73	18.5	25	17.5	3	12.0
	公办学校	322	81.5	118	82.5	22	88.0
学习成绩	非常好	30	7.7	11	7.8	1	4.0
	好	120	30.8	48	34.0	10	40.0
	中等	208	53.5	66	46.8	10	40.0
	差	21	5.4	10	7.1	3	12.0
	很差	10	2.6	6	4.3	1	4.0
有无上补习班	有	77	19.5	14	9.7	3	12.0
	没有	317	80.5	130	90.3	22	88.0
补习班类型	奥数班	6	7.2	0	0	0	0
	课程强化班	48	57.8	10	71.4	3	100.0
	兴趣班	18	21.7	1	7.1	0	0
	其他	11	13.3	3	21.4	0	0
有无兼职/打工	有	64	16.3	15	10.5	5	20.0
	没有	329	83.7	128	89.5	20	80.0

续表

项目		第一个小孩		第二个小孩		第三个小孩	
		数量	占比	数量	占比	数量	占比
有无做志愿者活动	有	53	13.5	17	11.8	5	20.0
	没有	341	86.5	127	88.2	20	80.0
上学费用	1000 元及以下	113	29.1	50	35.5	13	54.2
	1001~3000 元	79	20.4	44	31.2	3	12.5
	3001~5000 元	37	9.5	11	7.8	3	12.5
	5001~8000 元	37	9.5	11	7.8	0	20.8
	8000 元以上	122	31.4	25	17.7	5	0
上学费用平均值		8035.2 元 (18525.5 元)		4399.6 元 (5882.9 元)		157.5 元 (80.9 元)	

注：括号内数字为标准差。

第二节　子女教育的城乡差异与地区差异

一　小孩就学的城乡差异

农村家庭在学小孩就读公办学校的比例高于城市家庭在学小孩，而城市家庭的在学小孩在民办学校就读的比例高于农村家庭的在学小孩。调查结果表明，在第一个小孩中，城市家庭就读公办学校的比例为 79.4%，农村家庭为 83.0%；在第二个小孩中，城市家庭就读公办学校的比例为 80.0%，农村家庭为 83.5%；在第三个孩子中，城市家庭就读公办学校的比例为 83.3%，农村家庭为 89.5%（见表 7-2）。

城乡家庭在学小孩的学习成绩普遍在中等偏上，但是农村家庭差生比例明显高于城市家庭小孩。调查结果显示，在第一个孩子中，城市家庭学习成绩非常好的比例为 11.7%，好的比例为 33.3%，中等的比例为 50.0%，差与很差的比例合计为 4.9%，农村家庭学习成绩非常好的比例为 4.8%，好的比例为 29.1%，中等的比例为 55.9%，差与很差的比例合计为 10.1%；在第二个孩子中，城市家庭学习成绩非常好的比例为 10.3%，好的比例为 38.5%，中等的比例为 48.7%，差与很差的比例合计为 2.6%，农村家庭学习成绩非常好的比例为 6.9%，好的比例为 32.4%，中等的比例为 46.1%，差与很差的比例为 14.7%；在第三个孩子中，城市家庭好与中等的比例各为 50.0%；农村家庭中学习成绩非常好的比例为 5.3%，学习成绩好与中等的比例各为 36.8%，学习成绩差与很差的比例合计为 21.1%。

表 7-2 城乡在学小孩的教育差异

单位：%

项目		第一个小孩		第二个小孩		第三个小孩	
		城市家庭	农村家庭	城市家庭	农村家庭	城市家庭	农村家庭
就读学校性质	民办学校	20.6	17.0	20.0	16.5	16.7	10.5
	公办学校	79.4	83.0	80.0	83.5	83.3	89.5
学习成绩	非常好	11.7	4.8	10.3	6.9	0	5.3
	好	33.3	29.1	38.5	32.4	50.0	36.8
	中等	50.0	55.9	48.7	46.1	50.0	36.8
	差	3.7	6.6	2.6	8.8	0	15.8
	很差	1.2	3.5	0	5.9	0	5.3
有无上补习班	有	29.9	12.2	17.5	6.7	16.7	10.5
	没有	70.1	87.8	82.5	93.3	83.3	89.5
补习班类型	奥数班	11.8	0	0	0	0	0
	课程强化班	56.9	59.4	100.0	42.9	100.0	100.0
	兴趣班	21.6	21.9	0	14.3	0	0
	其他	9.8	18.8	0	42.9	0	0
有无兼职/打工	有	18.8	14.5	17.5	7.8	33.3	15.8
	没有	81.2	85.5	82.5	92.2	66.7	84.2
有无参加志愿者活动	有	21.1	7.9	32.5	3.8	66.7	5.3
	没有	78.9	92.1	67.5	96.2	33.3	94.7
上学费用	1000 元及以下	21.0	35.0	22.5	40.6	50.0	55.6
	1001~3000 元	17.3	22.6	30.0	31.7	16.7	11.1
	3001~5000 元	10.5	8.8	12.5	5.9	16.7	11.1
	5001~8000 元	10.5	8.8	5.0	8.9	0	0
	8000 元以上	40.7	24.8	30.0	12.9	16.7	22.2
上学费用平均值(元)		10893.5 (26823.7)	5986.2 (8083.7)	6075.7 (6465.7)	3735.8 (5529.8)	—	126.6 (64.2)

注：括号内数字为标准差。

城市家庭在学小孩上补习班的比例远远高于农村家庭在学小孩。在第一个孩子中，城市家庭在学小孩有 29.9% 上过补习班，农村家庭为 12.2%；在第二个孩子中，城市家庭在学小孩有 17.5% 上过补习班，农村家庭为

6.7%；在第三个孩子中，城市家庭在学小孩有 16.7% 上过补习班，农村家庭为 10.5%。

课程强化班是城乡家庭在学小孩补习的最主要内容，农村家庭在学小孩无人补习奥数班。调查结果表明，在第一个孩子中，城市家庭在学小孩补习奥数班的比例为 11.8%，补习课程强化班的比例为 56.9%，补习兴趣班的比例为 21.6%，补习其他类型的比例为 9.8%，农村家庭在学小孩补习课程强化班的比例为 59.4%，补习兴趣班的比例为 21.9%，补习其他类型的比例为 18.8%；在第二个孩子中，城市家庭在学小孩全部都是补习课程强化班，农村家庭在学小孩补习课程强化班的比例为 42.9%，补习兴趣班的比例为 14.3%，补习其他类型的比例为 42.9%；在第三个孩子中，城乡家庭在学小孩全部补习课程强化班。

城市家庭在学小孩从事兼职/打工和参加志愿者活动的比例远高于农村家庭的在学小孩，并且城市家庭在学小孩参加公益性志愿者活动的比例远远高于农村家庭在学小孩。在第一个孩子中，城市家庭从事兼职/打工的比例为 18.8%，参加志愿者活动的比例为 21.1%，农村家庭分别为 14.5% 和 7.9%；在第二个小孩中，城市家庭从事兼职/打工的比例为 17.5%，参加志愿者活动的比例为 32.5%，农村家庭在学小孩分别为 7.8% 和 3.8%；在第三个小孩中，城市家庭从事兼职/打工的比例为 33.3%，参加志愿者活动的比例为 66.7%，农村家庭在学小孩分别为 15.8% 和 5.3%。

城市家庭在学小孩的上学总费用普遍高于农村家庭在学小孩，此外，农村家庭小孩上学总费用在 3000 元以下的均在一半以上，而城市家庭在学小孩中有相当比例的上学总费用在 8000 元以上。调查结果表明，在第一个孩子中，城市家庭上学总费用在 1000 元及以下的比例为 21.0%，在 1001～3000 元的比例为 17.3%，在 3001～5000 元的比例为 10.5%，在 5001～8000 元的比例为 10.5%，在 8000 元以上的比例为 40.7%，上学总费用平均为 10893.5 元（标准差为 26823.7 元）；农村家庭上学总费用在 1000 元及以下的比例为 35.0%，在 1001～3000 元的比例为 22.6%，在 3001～5000 元的比例为 8.8%，在 5001～8000 元的比例为 8.8%，在 8000 元以上的比例为 24.8%，上学总费用平均为 5986.2 元（标准差为 8083.7 元）。

在第二个孩子中，城市家庭上学总费用在 1000 元及以下的比例为 22.5%，在 1001～3000 元的比例为 30.0%，在 3001～5000 元的比例为

12.5%，在 5001～8000 元的比例为 5.0%，在 8000 元以上的比例为 30.0%，上学总费用平均为 6075.7 元（标准差为 6465.7 元）；农村家庭上学总费用在 1000 元及以下的比例为 40.6%，在 1001～3000 元的比例为 31.7%，在 3001～5000 元的比例为 5.9%，在 5001～8000 元的比例为 8.9%，在 8000 元以上的比例为 12.9%，上学总费用平均为 3735.8 元（标准差为 5529.8 元）。

在第三个孩子中，城市家庭上学总费用在 1000 元及以下的比例为 50.0%，在 1001～3000 元的比例为 16.7%，在 3001～5000 元的比例为 16.7%，在 8000 元以上的比例为 16.7%；农村家庭上学总费用在 1000 元及以下的比例为 55.6%，在 1001～3000 元的比例为 11.1%，在3001～5000 元的比例为 11.1%，在 8000 元以上的比例为 22.2%，上学总费用平均为 126.6 元（标准差为 64.2 元）。

二 小孩就学的地区差异

珠三角地区在学小孩中非农户口的比例远远高于非珠三角地区家庭在学小孩。在第一个孩子中，珠三角地区家庭在学小孩农业户口比例为 55.2%，非农户口比例为 44.8%，非珠三角地区家庭农业户口比例为 85.4%，非农户口比例为 14.6%；在第二个小孩中，珠三角地区家庭在学小孩农业户口比例为 72.1%，非农户口比例为 27.9%，非珠三角地区家庭农业户口比例为 90.9%，非农户口比例为 9.1%；在第三个小孩中，珠三角地区家庭在学小孩农业户口比例为 70.0%，非农户口比例为 30.0%，非珠三角地区家庭农业户口比例为 86.7%，非农户口比例为 13.3%（见表 7－3）。

表 7－3 小孩就学的地区差异

单位：%

项目		第一个小孩		第二个小孩		第三个小孩	
		珠三角地区家庭	非珠三角地区家庭	珠三角地区家庭	非珠三角地区家庭	珠三角地区家庭	非珠三角地区家庭
户口性质	农业户口	55.2	85.4	72.1	90.9	70.0	86.7
	非农户口	44.8	14.6	27.9	9.1	30.0	13.3
就读学校性质	民办学校	23.9	10.9	21.2	14.3	20.0	6.7
	公办学校	76.1	89.1	78.8	85.7	80.0	93.3

续表

项目		第一个小孩		第二个小孩		第三个小孩	
		珠三角地区家庭	非珠三角地区家庭	珠三角地区家庭	非珠三角地区家庭	珠三角地区家庭	非珠三角地区家庭
学习成绩	非常好	8.9	6.1	6.3	9.1	0	6.7
	好	30.2	31.7	29.7	37.7	50.0	33.3
	中等	53.8	53.0	56.3	39.0	50.0	33.3
	差	4.0	7.3	3.1	10.4	0	20.0
	很差	3.1	1.8	4.7	3.9	0	6.7
有无上补习班	有	24.9	12.1	19.4	1.3	10.0	13.3
	没有	75.1	87.9	80.6	98.7	90.0	86.7
补习班类型	奥数班	9.8	0	0	0	0	0
	课程强化班	50.8	77.3	76.9	0	100.0	100.0
	兴趣班	24.6	13.6	0	100.0	0	0
	其他	14.8	9.1	23.1	0	0	0
有无兼职/打工	有	20.4	10.4	13.4	7.9	30.0	13.3
	没有	79.6	89.6	86.6	92.1	70.0	86.7
有无参加志愿者活动	有	19.5	4.9	14.9	9.1	40.0	6.7
	没有	80.5	95.1	85.1	90.9	60.0	93.3
上学费用	1000 元及以下	21.2	40.1	24.2	45.3	44.4	60.0
	1001~3000 元	15.9	26.5	28.8	33.3	11.1	13.3
	3001~5000 元	9.3	9.9	10.6	5.3	11.1	13.3
	5001~8000 元	10.6	8.0	12.1	4.0	11.1	0
	8000 元以上	42.9	15.4	24.2	12.0	33.3	13.3
上学费用平均值（元）		10844.3 (23404.2)	4116.2 (5737.1)	5878.4 (6897.8)	3098.2 (4473.9)	—	157.5 (80.9)

注：括号内数字为标准差。

珠三角地区家庭在学小孩就读公办学校的比例低于非珠三角地区家庭在学小孩，而珠三角地区家庭在学小孩在民办学校就读的比例高于非珠三角地区家庭在学小孩。调查结果表明，在第一个小孩中，珠三角地区家庭就读公办学校的比例为 76.1%，非珠三角地区家庭为 89.1%；在第二个小孩中，珠三角地区家庭就读公办学校的比例为 78.8%，非珠三角地区家庭为 85.7%；在第三个孩子中，珠三角地区家庭就读公办学校的比例为 80.0%，非珠三角地区家庭为 93.3%。

珠三角地区和非珠三角地区家庭在学小孩的学习成绩普遍在中等偏上，但是非珠三角地区家庭差生比例明显高于珠三角地区家庭在学小孩。调查结

果显示，在第一个孩子中，珠三角地区家庭学习成绩非常好的比例为
8.9%，好的比例为30.2%，中等的比例为53.8%，差与很差的比例合计为
7.1%，非珠三角地区家庭学习成绩非常好的比例为6.1%，好的比例为
31.7%，中等的比例为53.0%，差与很差的比例合计为9.1%；在第二个孩
子中，珠三角地区家庭学习成绩非常好的比例为6.3%，好的比例为
29.7%，中等的比例为56.3%，差与很差的比例合计为7.8%，非珠三角地
区家庭学习成绩非常好的比例为9.1%，好的比例为37.7%，中等的比例为
39.0%，差与很差的比例为14.3%；在第三个孩子中，珠三角地区家庭好
与中等的比例各占50.0%，非珠三角地区家庭家庭中学习成绩非常好的比
例为6.7%，学习成绩好与中等的比例各为33.3%，学习成绩差与很差的比
例合计为26.7%。

　　珠三角地区家庭在学小孩上补习班的比例远远高于非珠三角地区家庭在
学小孩。在第一个孩子中，珠三角地区家庭在学小孩有24.9%上过补习班，
非珠三角地区家庭为12.1%；在第二个孩子中，珠三角地区家庭在学小孩
有19.4%上过补习班，非珠三角地区家庭为1.3%；在第三个孩子中，珠三
角地区家庭在学小孩有10.0%上过补习班，非珠三角地区家庭为13.3%。

　　课程强化班是珠三角地区和非珠三角地区家庭在学小孩补习的最主
要内容，但非珠三角地区家庭在学小孩无人补习奥数。调查结果表明，
在第一个孩子中，珠三角地区家庭在学小孩上奥数班的比例为9.8%，上
课程强化班的比例为50.8%，上兴趣班的比例为24.6%，补习其他类型
的比例为14.8%，非珠三角地区家庭在学小孩上课程强化班的比例为
77.3%，上兴趣班的比例为13.6%，补习其他类型的比例为9.1%；在
第二个孩子中，珠三角地区家庭在学小孩上课程强化班的比例为76.9%，
补习其他类型的比例为23.1%，非珠三角地区家庭在学小孩全部上课程
强化班；在第三个孩子中，珠三角地区和非珠三角地区家庭在学小孩全
部上课程强化班。

　　珠三角地区家庭在学小孩从事兼职/打工和参加志愿者活动的比例远高
于非珠三角地区家庭的在学小孩。在第一个孩子中，珠三角地区家庭从事兼
职/打工的比例为20.4%，参加志愿者活动的比例为19.5%，非珠三角地区
家庭分别为10.4%和4.9%；在第二个小孩中，珠三角地区家庭从事兼职/
打工的比例为13.4%，参加志愿者活动的比例为14.9%，非珠三角地区家
庭在学小孩分别为7.9%和9.1%；在第三个小孩中，珠三角地区家庭从事

兼职/打工的比例为30.0%，参加志愿者活动的比例为40.0%，非珠三角地区家庭在学小孩分别为13.3%和6.7%。

珠三角地区家庭在学小孩的上学总费用普遍高于非珠三角地区家庭在学小孩，此外，非珠三角地区家庭小孩学上学总费用在3000元以下的比例均在60%以上，而珠三角地区家庭在学小孩中有相当比例的上学总费用在8000元以上。调查结果表明，在第一个孩子中，珠三角地区家庭上学总费用在1000元及以下的比例为21.2%，在1001~3000元的比例为15.9%，在3001~5000元的比例为9.3%，在5001~8000元的比例为10.6%，在8000元以上的比例为42.9%，上学总费用平均为10844.3元（标准差为23404.2元）；非珠三角地区家庭上学总费用在1000元及以下的比例为40.1%，在1001~3000元的比例为26.5%，在3001~5000元的比例为9.9%，在5001~8000元的比例为8.0%，在8000元以上的比例为15.4%，上学总费用平均为4116.2元（标准差为5737.1元）。

在第二个孩子中，珠三角地区家庭上学总费用在1000元及以下的比例为24.2%，在1001~3000元的比例为28.8%，在3001~5000元的比例为10.6%，在5001~8000元的比例为12.1%，在8000元以上的比例为24.2%，上学总费用平均为5878.4元（标准差为6897.8元）；非珠三角地区家庭上学总费用在1000元及以下的比例为45.3%，在1001~3000元的比例为33.3%，在3001~5000元的比例为5.3%，在5001~8000元的比例为4.0%，在8000元以上的比例为12.0%，上学总费用平均为3098.2元（标准差为4473.9元）。

在第三个孩子中，珠三角地区家庭上学总费用在1000元及以下的比例为44.4%，在1001~3000元的比例为11.1%，在3001~5000元的比例为11.1%，在8000元以上的比例为33.3%；非珠三角地区家庭上学总费用在1000元及以下的比例为60.0%，在1001~3000元的比例为13.3%，在3001~5000元的比例为13.3%，在8000元以上的比例为13.3%，上学总费用平均为157.5元（标准差为80.9元）。

第三节　家庭地位评价

一　总体评价

按照地位十等分原则，可以将社会上不同群体按照从最底层到最顶层分

别对应赋值 1～10 分，从而建立起不同社会成员的地位等级序列。此外，为
了便于比较不同社会成员的地位等级，还可以将不同分数转化为不同地位等
级，也即按照"1～2 分＝下底层，3～4 分＝底层，5～6 分＝中层，7～8
分＝中上层，9～10 分＝上层"可将社会成员区分为"下底层、下层、中
层、中上层和上层"5 个地位等级。

绝大部分广东家庭自评家庭地位处于中层及以下，家庭地位自评得分较
低。调查结果表明，18.1% 的家庭认为两年前家庭地位处于下底层，42.9%
的家庭认为处于底层，34.6% 的家庭认为处于中层，3.8% 的家庭认为处于
中上层，0.6% 的家庭认为处于上层。目前地位评价情况如下：15.7% 的家
庭认为处于下底层，37.6% 的家庭认为处于底层，40.9% 的家庭认为处于中
层，5.1% 的家庭认为处于中上层，0.6% 的家庭认为处于上层。11.5% 的家
庭认为两年后家庭地位会处于下底层，28.5% 的家庭认为会处于底层，
45.1% 的家庭认为会处于中层，12.4% 的家庭认为会处于中上层，2.5% 的
家庭认为会处于上层（见表 7-4）。

表 7-4　家庭地位评价

单位：个，%

家庭地位等级	两年前家庭地位		目前家庭地位		两年后家庭地位	
	数量	占比	数量	占比	数量	占比
下底层（1～2 分）	144	18.1	125	15.7	91	11.5
底层（3～4 分）	342	42.9	300	37.6	226	28.5
中层（5～6 分）	276	34.6	326	40.9	358	45.1
中上层（7～8 分）	30	3.8	41	5.1	98	12.4
上层（9～10 分）	5	0.6	5	0.6	20	2.5
合　计	797	100.0	797	100.0	793	100.0
家庭地位评分（分）	3.96(1.58)		4.19(1.62)		4.81(1.84)	

注：括号内数字为标准差。

随着时间向前推进，家庭地位自评得分逐渐提高，并日趋接近社会中等
位置。两年前，家庭地位自评平均得分为 3.96 分，目前家庭地位自评平均
得分为 4.19 分，两年后家庭地位自评平均得分为 4.81 分，目前自评平均得
分比两年前高 0.23 分，2 年后自评平均得分比目前高 0.62 分，并且家庭地
位自评平均得分由 4 分以下逐渐上升到接近 5 分。这表明，广东家庭认为所

在家庭地位日趋向社会的中等位置靠拢。

与此同时，持底层和下底层地位评价的家庭比例逐渐减少，持中层和中上层地位评价的家庭比例逐渐增多。两年前，底层和下底层地位评价的家庭比例合计为61.0%，持中层和中上层地位评价的家庭比例合计为38.4%；目前，持底层和下底层地位评价的家庭比例合计为53.3%，持中层和中上层地位评价的家庭比例合计为46.0%；两年后，持底层和下底层地位评价的家庭比例合计为40.0%，持中层和中上层地位评价的家庭比例合计为57.5%。可见，目前持底层和下底层地位评价的家庭比例比两年前降低了7.7个百分点，持中层和中上层地位评价的家庭比例比两年前增加了7.6个百分点；两年后，持底层和下底层地位评价的家庭比例比目前降低了13.3个百分点，持中层和中上层地位评价的家庭比例比目前增加了11.5个百分点。

总之，广东家庭地位总体评价不高，持底层和下底层地位评价的家庭均在40%以上，但是家庭地位评价日趋好转，由两年前介于3~4分的底层评价，改善到目前的4~5分的介于底层与中层之间的评价，再到两年后的接近5分的中层评价。此外，持底层和下底层地位评价的家庭快速减少，持中层地位评价的家庭比例稳步上升，并且随着时间推移，持中层及以上评价的家庭越来越多。

二　家庭地位评价的城乡差异

绝大部分城乡家庭地位评价处于中层及以下，底层和下底层评价占有相当比例，但农村家庭地位自评平均得分均高于城市家庭。

调查结果表明，15.2%的城市家庭认为两年前家庭地位处于下底层，农村家庭为20.3%；42.0%的城市家庭认为家庭地位处于底层，农村家庭为43.7%；37.1%的城市家庭认为家庭地位处于中层，农村家庭为32.7%；4.6%的城市家庭认为家庭地位处于中上层，农村家庭为3.1%；1.1%的城市家庭认为家庭地位处于上层，农村家庭为0.2%（见表7-5）。

目前地位评价情况如下：13.5%的城市家庭认为家庭地位处于下底层，农村家庭为17.4%；43.7%的城市家庭认为家庭地位处于底层，农村家庭为33.0%；36.2%的城市家庭认为家庭地位处于中层，农村家庭为44.5%；5.7%的城市家庭认为家庭地位处于中上层，农村家庭为4.7%；0.9%的城市家庭认为家庭地位处于上层，农村家庭为0.4%。

11.0%的城市家庭认为两年后家庭地位会处于下底层，农村家庭为11.9%；30.6%的城市家庭认为家庭地位会处于底层，农村家庭为26.8%；41.0%的城市家庭认为家庭地位会处于中层，农村家庭为48.3%；14.5%的城市家庭认为家庭地位会处于中上层，农村家庭为10.7%；2.9%的城市家庭认为家庭地位会处于上层，农村家庭为2.2%。

表 7-5 家庭地位评价的城乡差异

单位：%

家庭地位等级	两年前家庭地位		目前家庭地位		两年后家庭地位	
	城市家庭	农村家庭	城市家庭	农村家庭	城市家庭	农村家庭
下底层(1~2分)	15.2	20.3	13.5	17.4	11.0	11.9
底层(3~4分)	42.0	43.7	43.7	33.0	30.6	26.8
中层(5~6分)	37.1	32.7	36.2	44.5	41.0	48.3
中上层(7~8分)	4.6	3.1	5.7	4.7	14.5	10.7
上层(9~10分)	1.1	0.2	0.9	0.4	2.9	2.2
合　计	100.0	100.0	100.0	100.0	100.0	100.0
家庭地位评分(分)	4.11 (1.62)	3.85 (1.53)	4.19 (1.64)	4.17 (1.59)	4.82 (1.89)	4.81 (1.79)

注：括号内数字为标准差。

随着时间的推进，城乡家庭地位评价平均得分均不同程度地提高，但农村家庭地位自评平均得分增长幅度高于城市家庭，虽然农村家庭地位自评平均得分始终低于城市，但农村家庭地位自评得分逐渐接近城市家庭地位自评得分。两年前，城市家庭地位自评平均得分为4.11分，农村家庭为3.85分；目前城市家庭地位自评平均得分为4.19分，农村家庭为4.17分；两年后城市家庭地位自评平均得分为4.82分，农村家庭为4.81分。可见，城市家庭目前自评平均得分比两年前高0.08分，两年后自评平均得分比目前高0.63分；农村家庭目前自评平均得分比两年前高0.34分，两年后自评平均得分比目前高0.64分。此外，城乡家庭地位自评平均得分由4分左右同时逐渐上升到接近5分。这表明，城乡家庭认为所在家庭地位日趋向社会的中等位置靠拢。

与此同时，持底层和下底层地位评价的城乡家庭比例逐渐减少，持中层和中上层地位评价的城乡家庭比例逐渐增多。两年前，底层和下底层地位评价的城市家庭比例合计为 57.2%，农村家庭为 64.0%；持中层和中上层地位评价的城市家庭比例合计为 41.7%，农村家庭为 35.8%。目前，持底层和下底层地位评价的城市家庭比例合计为 57.2%，农村家庭为 50.4%；持中层和中上层地位评价的城市家庭比例合计为 41.9%，农村家庭为 49.2%。两年后，持底层和下底层地位评价的城市家庭比例合计为 41.6%，农村家庭为 38.7%；持中层和中上层地位评价的城市家庭比例合计为 56.5%，农村家庭为 59.0%。可见，目前持底层和下底层地位评价的城市家庭比例与两年前持平，农村家庭下降了 13.6 个百分点；持中层和中上层地位评价的城市家庭比例比两年前增加了 0.2 个百分点，农村家庭增加了 13.4 个百分点。两年后，持底层和下底层地位评价的城市家庭比例比目前下降了 15.6 个百分点，农村家庭下降了 11.7 个百分点；持中层和中上层地位评价的城市家庭比例比目前增加了 14.6 个百分点，农村家庭增加了 9.8 个百分点。

此外，两年前城市家庭持底层和下底层地位评价的比例要低于农村家庭，持中层和中上层地位评价的比例要高于农村家庭；但目前和两年后农村家庭持底层和下底层地位评价的比例要低于城市家庭，持中层和中上层地位评价的比例要高于城市家庭。

三　家庭地位评价的地区差异

不管是珠三角地区还是非珠三角地区家庭，其家庭地位评价大多数位于中层及以下，底层和下底层评价占有相当比例，但非珠三角地区家庭地位自评平均得分均高于珠三角地区家庭。

调查结果表明，20.1% 的珠三角地区家庭认为两年前家庭地位处于下底层，非珠三角地区家庭为 14.7%；41.4% 的珠三角地区家庭认为家庭地位处于底层，非珠三角地区家庭为 45.3%；33.2% 的珠三角地区家庭认为家庭地位处于中层，非珠三角地区家庭为 37.0%；4.4% 的珠三角地区家庭认为家庭地位处于中上层，非珠三角地区家庭为 2.7%；0.8% 的珠三角地区家庭认为家庭地位处于上层，非珠三角地区家庭为 0.3%（见表 7-6）。

目前地位评价情况如下：16.7% 的珠三角地区家庭认为家庭地位处于下底层，非珠三角地区家庭为 14.0%；39.0% 的珠三角地区家庭认为家庭地位处于底层，非珠三角地区家庭为 35.3%；38.6% 的珠三角地区家庭认为家庭地位处于中层，非珠三角地区家庭为 44.7%；4.8% 的珠三角地区家庭认为家庭地位处于中上层,非珠三角地区家庭为 5.7%;0.8% 的珠三角地区家庭认为家庭地位处于上层,非珠三角地区家庭为 0.3%。

表 7-6 家庭地位评价的地区差异

单位:%

家庭地位等级	两年前家庭地位		目前家庭地位		两年后家庭地位	
	珠三角家庭	非珠三角家庭	珠三角家庭	非珠三角家庭	珠三角家庭	非珠三角家庭
下底层(1~2分)	20.1	14.7	16.7	14.0	11.7	11.1
底层(3~4分)	41.4	45.3	39.0	35.3	29.5	26.8
中层(5~6分)	33.2	37.0	38.6	44.7	43.6	47.7
中上层(7~8分)	4.4	2.7	4.8	5.7	12.5	12.1
上层(9~10分)	0.8	0.3	0.8	0.3	2.6	2.3
合　计	100.0	100.0	100.0	100.0	100.0	100.0
家庭地位评分(分)	3.94 (1.64)	4.00 (1.45)	4.12 (1.65)	4.28 (1.55)	4.77 (1.86)	4.88 (1.79)

注:括号内数字为标准差。

11.7% 的珠三角地区家庭认为两年后家庭地位会处于下底层,非珠三角地区家庭为 11.1%;29.5% 的珠三角地区家庭认为家庭地位会处于底层,非珠三角地区家庭为 26.8%;43.6% 的珠三角地区家庭认为家庭地位会处于中层,非珠三角地区家庭为 47.7%;12.5% 的珠三角地区家庭认为家庭地位会处于中上层,非珠三角地区家庭为 12.1%;2.6% 的珠三角地区家庭认为家庭地位会处于上层,非珠三角地区家庭为 2.3%。

随着时间的推进,珠三角地区和非珠三角地区家庭地位评价平均得分均不同程度地提高,但珠三角地区家庭地位自评平均得分始终低于非珠三角地区家庭。两年前,珠三角地区家庭地位自评平均得分为 3.94 分,非珠三角地区家庭为 4.00 分;目前珠三角地区家庭地位自评平均得分为 4.12 分,非珠三角地区家庭为 4.28 分;两年后珠三角地区家庭地位自评平均得分为 4.77 分,非珠三角地区家庭为 4.88 分。可见,珠三角地区家庭目前自评平均得分比两年前高 0.18 分,两年后自评平均得分比目前高 0.65 分;非珠三角地区家庭目前自评平均得分比两年前高 0.28 分,两年后自评平均得分比目前高 0.60 分。此外,不管是珠三角地区还是非珠三角地区,家庭地位自评平均得分均由 4 分左右逐渐上升到接近 5 分。这表明,珠三角地区和非珠三角地区家庭认为所在家庭地位日趋向社会的中等位置靠拢。

与此同时，持底层和下底层地位评价的珠三角地区和非珠三角地区家庭比例逐渐减少，持中层和中上层地位评价的珠三角地区和非珠三角地区家庭比例逐渐增多。两年前，持底层和下底层地位评价的珠三角地区家庭比例合计为61.5%，非珠三角地区家庭为60.0%；持中层和中上层地位评价的珠三角地区家庭比例合计为37.9%，非珠三角地区家庭为39.7%。目前，持底层和下底层地位评价的珠三角地区家庭比例合计为55.7%，非珠三角地区家庭为49.3%；持中层和中上层地位评价的珠三角地区家庭比例合计为43.4%，非珠三角地区家庭为50.4%。两年后，持底层和下底层地位评价的珠三角地区家庭比例合计为41.2%，非珠三角地区家庭为37.9%；持中层和中上层地位评价的珠三角地区家庭比例合计为56.1%，非珠三角地区家庭为59.8%。可见，目前持底层和下底层地位评价的珠三角地区家庭比例比两年前下降了5.8个百分点，非珠三角地区家庭下降了10.7个百分点；持中层和中上层地位评价的珠三角地区家庭比例比两年前增加了5.5个百分点，非珠三角地区家庭增加了10.7个百分点。两年后，持底层和下底层地位评价的城市家庭比例比目前下降了14.5个百分点，非珠三角地区家庭下降了11.4个百分点；持中层和中上层地位评价的城市家庭比例比目前增加了12.7个百分点，农村家庭增加了9.4个百分点。

第三篇

个　体

第八章
个人的基本情况

第一节 背景资料

一 年龄与性别

男性劳动力占 49.1% (803 人)，女性劳动力占 50.9% (832 人)，其中年龄在 20 岁及以下的比例为 1.9%，21~30 岁的比例为 19.4%，31~40 岁的比例为 17.5%，41~50 岁的比例为 27.8%，51~60 岁的比例为 21.2%，60 岁以上的比例为 12.1%。平均年龄为 44.2 岁，最小值为 16 岁，最大值为 85 岁，众数为 45 岁 (见表 8-1)。

表 8-1　年龄分布

单位：人，%

选项	数量	占比	累积占比
20 岁及以下	31	1.9	1.9
21~30 岁	317	19.4	21.3
31~40 岁	286	17.5	38.8
41~50 岁	454	27.8	66.7
51~60 岁	346	21.2	87.9
60 岁以上	198	12.1	100.0
合　计	1632	100.0	—
平均值	44.2 岁(13.8 岁)		
最小值	16 岁		
最大值	85 岁		
众数	45 岁		

注：括号内数字为标准差。

二 父母亲教育程度

绝大部分被访者父母的教育程度不高，接近70%的被访者父亲的教育程度在小学及以下，83%的被访者母亲的教育程度在小学及以下，接近87%的被访者父亲的教育程度在初中及以下，接近93%的被访者母亲的教育程度在初中及以下。调查结果显示，父亲无正式教育的比例为21.2%，母亲为47.8%；父亲小学教育程度的为48.3%，母亲为35.2%；父亲初中教育程度的占17.2%，母亲为9.9%；父亲高中教育程度的为9.5%，母亲为5.2%；父亲职高教育程度的占0.1%；父亲中专教育程度的占0.9%，母亲为0.8%；父亲技校教育程度的占0.1%；父亲大专教育程度的占1.2%，母亲为0.6%；父亲大学本科教育程度的占1.4%，母亲为0.4%；母亲其他教育程度的比例为0.1%（见表8-2）。

表8-2 父母亲教育程度

单位：人，%

选项	父亲		母亲	
	数量	占比	数量	占比
无正式教育	341	21.2	770	47.8
小学	776	48.3	566	35.2
初中	277	17.2	160	9.9
高中	152	9.5	84	5.2
职高	1	0.1	—	—
中专	14	0.9	13	0.8
技校	2	0.1	—	—
大专	20	1.2	10	0.6
大学本科	23	1.4	6	0.4
研究生及以上	—	—	—	—
其他	—	—	1	0.1
合 计	1606	100.0	1610	100.0

可见，父亲低教育程度的比例要比母亲低，父亲教育程度在初中及以下的比例比母亲低6.2个百分点；父亲高教育程度的比例要比母亲高，父亲教育程度为大学专科和本科的比例比母亲高1.6个百分点。

三 入党和参军

近九成（89.7%）的被访者政治面貌是群众，一成以上（10.2%）

被访者的政治面貌是中共党员，民主党派的比例为 0.1%。参军的比例很低，只有 3.3% 的被访者有参军经历，96.7% 的被访者无参军的经历。

四　语言使用

8.0% 的被访者（131 人）能够熟练使用普通话，0.7% 的被访者（11人）能够熟练使用吴方言，1.6% 的被访者（26 人）能够熟练使用湘方言，0.3% 的被访者（5 人）能够熟练使用赣方言，36.5% 的被访者（596 人）能够熟练使用客家话，0.1% 的被访者（1 人）能够熟练使用闽北方言，1.0% 的被访者（16 人）能够熟练使用闽南语，64.0% 的被访者（1047 人）能够熟练使用粤语。此外，86.9% 的被访者（1369 人）不懂外语，13.1%的被访者（210 人）懂外语，其中，54.6% 的被访者（113 人）能够进行一般的日常会话，31.4% 的被访者（65 人）能够看一些简单的文章，11.6%的被访者（24 人）能够比较熟练地听说读写，2.4% 的被访者（5 人）能够非常熟练地听说读写。

第二节　教育经历

近九成五的人接受过正规教育。调查结果表明，94.4% 的被访者（1541人）接受过正式教育，没有接受过正式教育的比例占 5.6%（92 人）。下面将按照被访者从低到高的教育经历详细分析。

一　小学教育

2.0% 的被访者是在 1950 年及以前开始上小学，0.1% 的被访者在1950 年及以前小学毕业；11.9% 的被访者是在 1951～1960 年上小学，而1.3% 的被访者是在该时间段小学毕业；23.9% 的被访者是在 1961～1970年上小学，而 9.4% 的被访者在该时间段小学毕业；25.7% 的被访者是在1971～1980 年上小学，25.0% 的被访者是在该时间段小学毕业；20.6% 的被访者是在 1981～1990 年上小学，20.4% 的被访者是在该时间段小学毕业；15.3% 的被访者是在 1991～2000 年上小学，24.9% 的被访者是在该时间段小学毕业；0.5% 的被访者是 2001～2010 年上小学，18.8% 的被访者是在该时间段小学毕业；还有 0.1% 的被访者是 2011 年小学毕业（见表

8 – 3）。

此外，调查结果表明，83.9%的被访者（1291 人）目前已经小学毕业，16.1%的被访者（247 人）目前在读小学。其中，79.8%的被访者（1304 人）是在广东省念的小学。

表 8 - 3　小学起止时间

单位：人，%

时间	开始年份		毕业年份	
	数量	占比	数量	占比
1950 年及以前	31	2.0	1	0.1
1951～1960 年	183	11.9	14	1.3
1961～1970 年	368	23.9	102	9.4
1971～1980 年	396	25.7	271	25.0
1981～1990 年	317	20.6	221	20.4
1991～2000 年	235	15.3	270	24.9
2001～2010 年	8	0.5	204	18.8
2011 年至今	0	0	1	0.1
合　计	1538	100.0	1084	100.0

二　初中教育

2.1%的被访者在 1960 年及以前进入初中学习，1.3%的被访者在该时间段初中毕业；1961～1970 年进入初中学习的占 14.5%，毕业的占 9.4%；1971～1980 年进入初中学习的占 24.8%，毕业的占 25.0%；1981～1990 年进入初中学习的占 19.8%，毕业的占 20.4%；1991～2000 年进入初中学习的占 28.5%，毕业的占 24.9%；2001～2010 年进入初中学习的占 10.3%，毕业的占 18.8%；2011 年至今没有人进入初中学习，毕业的占 0.1%（见表 8 – 4）。

调查结果还表明，85.4%的被访者已经初中毕业，没有毕业的占 14.6%；从就读初中的学校等级来看，1.4%的人在省/直辖市重点中学就读，7.5%的人在县/市重点中学就读，21.9%的人在区/乡/镇重点中学就读，65.9%的人在非重点中学就读，2.3%的人在其他类型学校就读，1.1%的人就读学校不分重点与非重点。

表 8 - 4　初中起止时间

单位：人，%

时间	开始年份		毕业年份	
	数量	占比	数量	占比
1960 年及以前	23	2.1	14	1.3
1961 ~ 1970 年	157	14.5	102	9.4
1971 ~ 1980 年	269	24.8	271	25.0
1981 ~ 1990 年	215	19.8	221	20.4
1991 ~ 2000 年	310	28.5	270	24.9
2001 ~ 2010 年	112	10.3	204	18.8
2011 年至今	0	0	1	0.1
合　计	1086	100.0	1083	100.0

三　高中教育

0.9% 的被访者在 1960 年及以前进入高中学习，0.2% 的被访者在该时间段高中毕业；1961 ~ 1970 年进入高中学习的占 6.7%，毕业的占 3.7%；1971 ~ 1980 年进入高中学习的占 31.4%，毕业的占 29.1%；1981 ~ 1990 年进入高中学习的占 16.3%，毕业的占 18.1%；1991 ~ 2000 年进入高中学习的占 24.7%，毕业的占 20.2%；2001 ~ 2010 年进入高中学习的占 20.0%，毕业的占 28.1%；2011 年至今没有人进入高中学习，毕业的占 0.5%（见表 8 - 5）。

表 8 - 5　高中起止时间

单位：人，%

时间	开始年份		毕业年份	
	数量	占比	数量	占比
1960 年及以前	4	0.9	1	0.2
1961 ~ 1970 年	29	6.7	16	3.7
1971 ~ 1980 年	135	31.4	125	29.1
1981 ~ 1990 年	70	16.3	78	18.1
1991 ~ 2000 年	106	24.7	87	20.2
2001 ~ 2010 年	86	20.0	121	28.1
2011 年至今	0	0	2	0.5
合　计	430	100.0	430	100.0

调查结果还表明，93.9%的人高中毕业，高中没有毕业的占6.1%；其中，4.9%的人在省/直辖市重点中学就读，16.9%的人在县/市重点中学就读，15.9%的人在区/乡/镇重点中学就读，57.7%的人在非重点中学就读，3.2%的人在其他类型学校就读，1.5%的人就读学校不分重点与非重点。

四 职高/技校教育

59.0%的被访者（23人）是2000年及以前进入职高/技校学习，41.0%的被访者（16人）是2001年至今进入职高/技校学习；38.5%的被访者（15人）是2000年及以前从职高/技校毕业，61.5%的被访者（24人）是2001年至今从职高/技校毕业。其中，94.4%的被访者（34人）从职高/技校毕业，没有毕业的占5.6%（2人）。从所读职高/技校的学校等级来看，3.3%的人在县/市重点学校就读，10.0%的人在区/乡/镇重点学校就读，56.7%的人在非重点学校就读，还有30.3%的人在其他学校就读。

五 中专教育

12.4%的被访者是在1980年及以前进入中专学习，该时段毕业的为10.1%；23.6%的被访者是在1981～1990年进入中专学习，该时段毕业的为14.6%；31.5%的被访者是1991～2000年进入中专学习，该时段毕业的为36.0%；32.6%的被访者是2001年至今进入中专学习，该时段毕业的为39.3%（见表8-6）。调查结果还表明，95.5%的被访者（84人）中专毕业，没有毕业的占4.5%（4人）；从就读学校的等级来看，7.6%的人在县/市重点学校就读，19.0%的人在区/乡/镇重点学校就读，55.7%的人在非重点学校就读，16.5%的人在其他类型学校就读，1.3%的人就读学校不分重点与非重点。

六 非全日制大专教育与全日制大专教育

非全日制大专教育情况如下：3.2%的被访者是1980年及以前开始非全日制大专学习的，该时段毕业的为3.2%；27.4%的被访者是1981～1990年开始非全日制大专学习的，该时段毕业的为16.1%；29.0%的被访者是1991～2000年开始非全日制大专学习的，该时段毕业的为27.4%；40.3%的被访者是2001年至今开始非全日制大专学习的，该时段毕业的占53.2%（见表8-7）。

表 8 - 6　中专起止时间

单位：人，%

时间	开始年份		毕业年份	
	数量	占比	数量	占比
1980 年及以前	11	12.4	9	10.1
1981～1990 年	21	23.6	13	14.6
1991～2000 年	28	31.5	32	36.0
2001 年至今	29	32.6	35	39.3
合　计	89	100.0	89	100.0

表 8 - 7　非全日制大专、全日制大专起止时间

单位：人，%

时间	非全日制大专				全日制大专			
	开始年份		毕业年份		开始年份		毕业年份	
	数量	占比	数量	占比	数量	占比	数量	占比
1980 年及以前	2	3.2	2	3.2	4	4.3	3	3.3
1981～1990 年	17	27.4	10	16.1	7	7.6	5	5.4
1991～2000 年	18	29.0	17	27.4	26	28.3	17	18.5
2001 年至今	25	40.3	33	53.2	55	59.8	67	72.8
合　计	62	100.0	62	100.0	92	100.0	92	100.0

调查结果还表明，96.7%的被访者（58 人）已经从非全日制专科学校毕业，没有毕业的占 3.3%（2 人）；其中，7.0%的人在教育部直属高等院校就读，10.5%的人在中央或国家部委所属高等学校就读，17.5%的人在省属高等学校就读，21.1%的人在地区所属高等院校就读，19.3%的人在其他全日制高校就读，24.6%的人在非全日制高校就读。

全日制大专教育情况如下：4.3%的被访者是 1980 年及以前开始全日制大专学习的，该时段毕业的为 3.3%；7.6%的被访者是 1981～1990 年开始全日制专科学习的，该时段毕业的为 5.4%；28.3%的被访者是 1991～2000 年开始全日制大专学习的，该时段毕业的为 18.5%；59.8%的被访者是 2001 年至今开始全日制大专学习的，该时段毕业的占 72.8%。

调查结果还表明，97.8%的被访者（89 人）已经从非全日制专科学校毕业，没有毕业的占 2.2%（2 人）；其中，8.1%的人在教育部直属高等院校就读，4.7%的人在中央或国家部委所属高等学校就读，27.9%的人在省

属高等学校就读，39.5%的人在地区所属高等院校就读，18.6%的人在其他全日制高校就读，1.2%的人在其他高等院校就读。

十　非全日制本科和全日制本科教育

非全日制本科情况如下：3.1%的被访者是1981～1990年攻读非全日制本科的；21.9%的被访者是1991～2000年攻读非全日制本科的，该时段毕业的为16.1%；75.0%的被访者是2001年至今攻读非全日制本科的，该时段毕业的为83.9%（见表8－8）。

表8－8　非全日制本科、全日制本科起止时间

单位：人，%

时间	非全日制本科				全日制专科			
	开始年份		毕业年份		开始年份		毕业年份	
	数量	占比	数量	占比	数量	占比	数量	占比
1980年及以前	0	0	0	0	4	8.0	0	0
1981～1990年	1	3.1	0	0	7	14.0	8	16.0
1991～2000年	7	21.9	5	16.1	9	18.0	5	10.0
2001年至今	24	75.0	26	83.9	30	60.0	37	74.0
合　计	32	100.0	31	100.0	50	100.0	50	100.0

调查结果表明，93.5%的被访者（29人）已毕业，没有毕业的比例为6.5%（2人）；其中，6.7%的人在教育部直属高等院校就读，16.7%的人在中央或国家部委所属高等学校就读，30.0%的人在省属高等学校就读，10.0%的人在地区所属高等院校就读，3.3%的人在其他全日制高校就读，33.3%的人在非全日制高校就读。

全日制本科情况如下：8.0%的被访者是1980年及以前攻读全日制本科的；14.0%的被访者是1981～1990年攻读全日制本科的，该时段毕业的为16.0%；18.0%的被访者是1991～2000年攻读全日制本科的，该时段毕业的为10.0%；60.0%的被访者是2001年至今攻读全日制本科的，该时段毕业的为74.0%。

调查结果还表明，98.0%的被访者（49人）已经毕业，没有毕业的比例为2.0%（1人）；其中，17.4%的人在教育部直属高等院校就读，10.9%的人在中央或国家部委所属高等学校就读，50.0%的人在省属高等学

校就读，17.4%的人在地区所属高等院校就读，4.3%的人在其他全日制高校就读。

八　非全日制研究生与全日制研究生教育

调查结果表明，有 2 人是 1999 年开始非全日制研究生学习，各有 1 人于 2000 年、2007 年、2008 年开始非全日制研究生学习；各有 1 人于 2001年、2002 年、2007 年非全日制研究生毕业。各有 1 人于 1984 年、2004 年开始全日制研究生学习，并于 1987 年和 2010 年全日制研究生毕业。

九　早年求学经历评价

当请被访者回忆 14 岁在学校读书的情况时（如没有读书，则回忆 14 岁之前在校读书情况），对"就算身体有点不舒服，或者有其他理由可以留在家里，我仍然会尽量去上学"非常不同意的比例为 1.4%，不同意的比例为 17.4%，同意的比例为 70.1%，非常同意的比例为 11.1%；对"就算是我不喜欢的功课，我也会尽全力去做"非常不同意的比例为 1.2%，不同意的比例为 17.5%，同意的比例为 71.6%，非常同意的比例为 9.6%；对"就算功课需要花好长时间才能做完，我仍然会不断地尽力去做"非常不同意的比例为 1.0%，不同意的比例为 14.0%，同意的比例为 74.1%，非常同意的比例为 10.9%（见表 8 - 9）。

表 8 - 9　对早年求学经历的评价

单位：人，%

选项	就算身体有点不舒服,或者有其他理由可以留在家里,我仍然会尽量去上学		就算是我不喜欢的功课,我也会尽全力去做		就算功课需要花好长时间才能做完,我仍然会不断地尽力去做	
	数量	占比	数量	占比	数量	占比
非常不同意	21	1.4	19	1.2	16	1.0
不同意	268	17.4	269	17.5	215	14.0
同意	1077	70.1	1101	71.6	1139	74.1
非常同意	171	11.1	148	9.6	167	10.9
合　计	1537	100.0	1537	100.0	1537	100.0

可见，各有 81.2% 的被访者认可"就算身体有点不舒服，或者有其他理由可以留在家里，我仍然会尽量去上学"和"就算是我不喜欢的功课，

我也会尽全力去做"，85.0%的被访者认可"就算功课需要花好长时间才能做完，我仍然会不断地尽力去做"。这表明，八成以上的被访者在回忆早年求学时，都会克服各种主、客观原因，甚至愿意长时间花费精力克服困难，做到尽力上好学。

通过将年龄与早年求学精神评价进行交互分类可以发现，不同年龄段的被访者对早年艰苦求学精神的认同度存在明显差异，20岁及以下的青年人认同艰苦求学精神的比例最低，而20岁以上被访者认同艰苦求学精神的普遍在八成以上。

不同年龄被访者对"就算身体有点不舒服，或者有其他理由可以留在家里，我仍然会尽量去上学"表示认可的比例如下：20岁及以下为54.8%，21~30岁为82.6%，31~40岁为83.6%，41~50岁为79.4%，51~60岁为83.1%，60岁以上为80.3%（见表8-10）。

表8-10　年龄与早年求学经历评价的交互分类

单位：%

问题	选项	20岁及以下	21~30岁	31~40岁	41~50岁	51~60岁	60岁以上
就算身体有点不舒服，或者有其他理由可以留在家里，我仍然会尽量去上学	非常不同意	6.5	1.9	0.7	2.1	0	1.3
	不同意	38.7	15.6	15.7	18.5	16.9	18.5
	同意	51.6	68.6	74.3	69.0	72.4	66.9
	非常同意	3.2	14.0	9.3	10.4	10.7	13.4
就算是我不喜欢的功课，我也会尽全力去做	非常不同意	6.5	1.6	0	1.9	0.3	1.9
	不同意	29.0	18.4	17.9	17.8	16.3	14.6
	同意	61.3	67.9	75.4	70.8	73.7	72.6
	非常同意	3.2	12.1	6.8	9.5	9.7	10.8
就算功课需要花好长时间才能做完，我仍然会不断地尽力去做	非常不同意	3.2	1.6	0.4	1.2	0.3	1.9
	不同意	29.0	14.6	12.9	14.4	13.2	12.7
	同意	61.3	70.5	77.9	75.2	75.9	70.7
	非常同意	6.5	13.3	8.9	9.3	10.7	14.6

不同年龄被访者对"就算是我不喜欢的功课，我也会尽全力去做"表示认可的比例如下：20岁及以下为64.5%，21~30岁为80.0%，31~40岁为82.4%，41~50岁为80.3%，51~60岁为83.4%，60岁以上为83.4%。

不同年龄被访者对"就算功课需要花好长时间才能做完，我仍然会不

断地尽力去做"表示认可的比例如下：20 岁及以下为 67.8%，21 ~ 30 岁为
83.8%，31 ~ 40 岁为 86.8%，41 ~ 50 岁为 84.5%，51 ~ 60 岁为 86.6%，
60 岁以上为 85.3%。

第三节　技能培训与专业职称

一　技能培训

13% 的被访者在过去两年内参加过至少 5 天的专业技术培训，87.0%
的被访者在过去两年内没有参加过至少 5 天的专业技术培训。21.1% 的被
访者获得过专业技术资格证书，没有获得专业技术资格证书的比例为
78.9%。在获得专业技术资格证书的样本中，61.3% 的人有 1 个专业技术
资格证书，20.6% 的人有 2 个专业技术资格证书，9.9% 的人有 3 个专业技
术资格证书，1.4% 的人有 4 个专业技术资格证书，2.0% 的人有 5 个专业
技术资格证书，0.8% 的人有 6 个专业技术资格证书，4.0% 的人表示专业技
术资格证书不见了。调查结果还表明，在 354 个有专业技术资格证书的样本
中，平均每人有 1.53 个资格证（标准差为 1.01 个），最多的 1 人有 7 个。

从获得证书的时间来看，8.7% 的人第一个证书是 1990 年及以前获得
的，第二个证书在 1990 年及以前获得的比例为 9.5%，第三个证书在 1990
年及以前获得的比例为 4.5%；29.5% 的被访者获得第一个证书是在 1991 ~
2000 年，第二个证书在 1991 ~ 2000 年获得的比例为 18.1%，第三个证书在
1991 ~ 2000 年获得的比例为 15.9%；61.8% 的被访者第一个证书是 2001 年
至今获得的，第二个证书在 2001 年至今获得的比例为 72.4%，第三个证书
在 2001 年至今获得的比例为 79.5%（见表 8 – 11）。

表 8 – 11　证书获得时间

单位：人，%

时间	第一个证书		第二个证书		第三个证书	
	数量	占比	数量	占比	数量	占比
1990 年及以前	28	8.7	11	9.5	2	4.5
1991 ~ 2000 年	95	29.5	21	18.1	7	15.9
2001 年至今	199	61.8	84	72.4	35	79.5
合　计	322	100.0	116	100.0	44	100.0

二 专业职称

从专业技术资格证书的类型来看，在第一个证书中，法律类占 0.9%，管理、咨询、商务、市场营销类占 8.1%，经济专业技术、评估、拍卖类占 2.1%，房地产、金融保险类占 1.8%，统计会计税务审计类占 13.9%，语言教育出版类占 13.0%，计算机应用及软件类占 16.0%，建筑工程城市规划类占 6.0%，医务药业类占 5.7%，其他类别占 32.5%；在第二个证书中，法律类占 1.7%，管理、咨询、商务、市场营销类占 6.9%，经济专业技术、评估、拍卖类占 1.7%，房地产、金融保险类占 3.4%，统计会计税务审计类占 13.8%，语言教育出版类占 19.0%，计算机应用及软件类占 15.5%，建筑工程城市规划类占 4.3%，医务药业类占 8.6%，其他类别占 25.0%；在第三个证书中，管理、咨询、商务、市场营销类占 11.6%，房地产、金融保险类占 4.7%，统计会计税务审计类占 7.0%，语言教育出版类占 14.0%，计算机应用及软件类占 25.6%，医务药业类占 9.3%，其他类型占 27.9%（见表 8 - 12）。

表 8 - 12 专业技术资格证书类型

单位：人，%

类别	第一个证书		第二个证书		第三个证书	
	数量	占比	数量	占比	数量	占比
计算机应用及软件类	53	16.0	18	15.5	11	25.6
语言教育出版类	43	13.0	22	19.0	6	14.0
统计会计税务审计类	46	13.9	16	13.8	3	7.0
管理、咨询、商务、市场营销类	27	8.1	8	6.9	5	11.6
医务药业类	19	5.7	10	8.6	4	9.3
建筑工程城市规划类	20	6.0	5	4.3	0	0
经济专业技术、评估、拍卖类	7	2.1	2	1.7	0	0
房地产、金融保险类	6	1.8	4	3.4	2	4.7
法律类	3	0.9	2	1.7	0	0
其他	108	32.5	29	25.0	12	27.9
合 计	332	100.0	116	100.0	43	100.0

第四节 教育与工作流动

绝大多数人在全日制教育结束后有工作的经历。95.9% 的被访者（1566 人）在全日制教育结束后工作过，只有 4.1% 的被访者（67 人）全日制教育结束后没有工作；11.4%的被访者（179人）在参加工作之前有过流动经历，88.6%的被访者（1397人）在参加工作之前没有流动经历。

一　全日制教育后流动时间

调查结果表明，第一次流动在1970年及以前的比例为11.1%，第二次流动在1970年及以前的比例为3.0%，第三次流动无一人在1970年及以前；第一次流动发生在1971～1980年的比例为12.4%，第二次流动在1971～1980年的比例为16.7%，第三次流动发生在1971～1980年的比例为22.2%；第一次流动在1981～1990年的比例为22.6%，第二次流动在1991～2000年的比例为33.3%，第三次流动在1991～2000年的比例为16.7%；第一次流动在2001年至今的比例为23.0%，第二次流动在2001年至今的比例为25.8%，第三次流动在2001年至今的比例为50.0%（见表8-13）。可见，第一、第二次流动主要在1991～2000年进行，第三次流动中一半以上是在2001年至今发生的。

表8-13　全日制教育后流动年份

单位：人，%

时间	第一次流动		第二次流动		第三次流动	
	数量	占比	数量	占比	数量	占比
1970年及以前	24	11.1	2	3.0	0	0
1971～1980年	27	12.4	11	16.7	4	22.2
1981～1990年	49	22.6	14	21.2	2	11.1
1991～2000年	67	30.9	22	33.3	3	16.7
2001年至今	50	23.0	17	25.8	9	50.0
合　计	217	100.0	66	100.0	18	100.0

二　全日制教育后流动原因

从流动原因来看，在第一次流动中，参军占7.6%，拆迁搬家占1.4%，婚姻迁入占1.8%，家属随迁占11.5%，支内/支边占0.5%，上山下乡占7.4%，创业/求职占65.9%，其他占6.9%；在第二次流动中，参军占3.0%，婚姻迁入占4.5%，家属随迁占6.1%，上山下乡占3.0%，创业/求职占78.8%，其他占12.1%；在第三次流动中，婚姻迁入占5.6%，家属随迁占 11.1%，创业/求职占 83.3%（见表 8-14）。可见，创业/求职是被访者全日制教育结束后流动的最重要原因，在第一次流动中有近 66%（65.9%）的被访者因创业/求职而流动，在第二次流动中有近 79%（78.8%）的被访者因创业/求职而流动，在第三次流动中有近 84%（83.3%）的被访者因创业/求职而流动。

表 8-14　全日制教育后流动原因

单位：人，%

原因	第一次流动		第二次流动		第三次流动	
	数量	占比	数量	占比	数量	占比
创业/求职	143	65.9	52	78.8	15	83.3
家属随迁	25	11.5	4	6.1	2	11.1
参军	17	7.6	2	3.0	0	0
上山下乡	16	7.4	2	3.0	0	0
拆迁搬家	3	1.4	0	0	0	0
婚姻迁入	4	1.8	3	4.5	1	5.6
支内/支边	1	0.5	0	0	0	0
其他	15	6.9	8	12.1	0	0
样本量	217		66		18	

第五节　户口迁移与社会保障

一　户口情况

68.5% 的被访者（1120 人）目前是农业户口，非农户口比例为 31.5%（514 人）。其中，89.0% 的被访者（1450 人）的户口是属于调查地所在市或县，只有 11.0% 的被访者（180 人）的户口不属于调查地所在市或县。在户口不属于调查地所在市或县的样本中，有 95.4% 的被访者（165 人）离开户口所在地已有半年，4.6% 的被访者（8 人）离开户口所在地不足半年。

二　户口迁移

36.7% 的被访者（597 人）的户口有过迁移，户口没有迁移过的比例占 63.3%（1030 人）。其中，第一次迁移在 1960 年及以前的占 3.4%；第一次迁移在 1961～1980 年的占 20.4%，第二次迁移在 1961～1980 年的占 22.2%；第一次迁移在 1981～1990 年的占 23.6%，第二次迁移在 1981～1990 年的占 25.4%；第一次迁移在 1991～2000 年的占 27.1%，第二次迁移在 1991～2000 年的占 22.2%；第一次迁移在 2001～2010 年的占 25.0%，第二次迁移在 2001～2010 年的占 27.0%；第一次迁移是在 2010 年至今的占 0.5%，第二次迁移是在 2010 年至今的占 3.2%（见表 8－15）。

表 8－15　第一、第二次户口迁移时间

单位：人，%

时间	第一次迁移		第二次迁移	
	数量	占比	数量	占比
1960 年及以前	20	3.4	0	0
1961～1980 年	122	20.4	14	22.2
1981～1990 年	141	23.6	16	25.4
1991～2000 年	162	27.1	14	22.2
2001～2010 年	149	25.0	17	27.0
2010 年至今	3	0.5	2	3.2
合　计	597	100.0	63	100.0

　　第一次迁出农村和第一次迁入农村的比例最高，超过 60% 的被访者第一次迁出地区是农村，近 47% 的被访者第一次迁入地区是农村；第二次迁出地级市和第二次迁入省会市的比例最高，超过 37% 的被访者第二次迁出地区是地级市，近 36% 的被访者第二次迁入地区是省会市。调查结果表明，第一次迁出地区是农村的比例为 62.4%，第二次为 16.1%；第一次迁入地区是农村的比例为 46.8%，第二次为 12.9%；第一次迁出地区是乡镇的比例为 11.0%，第二次为 8.1%；第一次迁入地区是乡镇的比例为 15.0%，第二次是 12.9%；第一次迁出县级市的比例为 8.0%，第二次为 12.9%；第一次迁入县级市的比例为 3.3%，第二次是 8.1%；第一次迁出地级市的比例为 7.0%，第二次为 37.1%；第一次迁入地级市的比例为 20.8%，第二次为 29.0%；第一次迁出省会市的比例为 9.2%，第二次为 24.2%；第一次迁入省会市的比例为 11.8%，第二次为 35.5%；第一次迁出直辖市的比例为 2.3%，第二次为 1.6%；第一次迁入直辖市的比例为 2.2%，第二次为 1.6%（见表 8－16）。

表 8 - 16　第一、第二次户口迁移地区

单位：人，%

迁移地	第一次迁出地区		第一次迁入地区		第二次迁出地区		第二次迁入地区	
	数量	占比	数量	占比	数量	占比	数量	占比
农　村	374	62.4	281	46.8	10	16.1	8	12.9
乡　镇	66	11.0	90	15.0	5	8.1	8	12.9
县级市	48	8.0	20	3.3	8	12.9	5	8.1
地级市	42	7.0	125	20.8	23	37.1	18	29.0
省会市	55	9.2	71	11.8	15	24.2	22	35.5
直辖市	14	2.3	13	2.2	1	1.6	1	1.6
合　计	599	100.0	600	100.0	62	100.0	62	100.0

可见，被访者第一次迁出农村地区的比例最高，其次是乡镇，再次是省会市；第一次迁入农村地区的比例最高，其次是地级市，再次是乡镇；第二次迁出地级市的比例最高，其次是省会市，再次是农村；第二次迁入省会市的比例最高，其次是地级市，再次分别是农村和乡镇。

一半以上的被访者第一次迁移是因为拆迁搬家，超过 24% 的被访者第二次迁移是因为工作调动。调查结果表明，在第一次迁移中，51.5%的被访者因为拆迁搬家，14.2% 被访者因为家属随迁，11.0% 的被访者因为工作调动，8.0% 的被访者因为参军，5.7% 的被访者因为升学，3.0% 的被访者因为务工经商，2.7% 的被访者因为转干，1.8% 的被访者因为上山下乡，1.3% 的被访者出于其他原因，0.5% 的被访者因为分配录用，0.2% 的被访者因为婚姻迁入，没有人因为支内/支边而迁移；在第二次迁移中，24.2% 的被访者因为工作调动而迁移，16.1% 的被访者因为分配录用而迁移，14.5% 的被访者因为家属随迁而迁移，9.7% 的被访者因为参军而迁移，各有 8.1% 的被访者因为拆迁搬家和上山下乡而迁移，4.8% 的被访者因为其他原因迁移，3.2% 的被访者因为务工经商而迁移，1.6% 的被访者因为转干而迁移，没有人因为婚姻关系迁入而迁移（见表 8 - 17）。

调查结果还表明，2.3% 的被访者（38 人）的户口因为"村改居"而发生过变动，97.7% 的被访者（1584 人）没有因为"村改居"而导致户口发生变动。在因"村改居"而出现户口变动的样本中，35.1% 的被访者所在村进行"村改居"是 1990 年及以前完成的，43.3% 的被访者所在村进行

"村改居"是在 1991～2000 年进行的,还有 21.6% 的被访者所在村进行"村改居"是在 2001 年至今进行的,出现"村改居"比例最高的是 1991 年,有 16.2% 的被访者所在村是 1991 年进行"村改居"的。

表 8-17 第一、第二次户口迁移原因

单位:人,%

原因	第一次迁移		第二次迁移	
	数量	占比	数量	占比
务工经商	18	3.0	2	3.2
工作调动	66	11.0	15	24.2
升学	34	5.7	6	9.7
分配录用	3	0.5	10	16.1
家属随迁	85	14.2	9	14.5
参军	48	8.0	6	9.7
拆迁搬家	308	51.5	5	8.1
婚姻迁入	1	0.2	0	0
转干	16	2.7	1	1.6
支内/支边	0	0	0	0
上山下乡	11	1.8	5	8.1
其他	8	1.3	3	4.8
合　计	598	100.0	62	100.0

三 社会保障

新型农村合作医疗保险的覆盖范围最广,半数以上的被访者享有新型农村合作医疗保险,补充型医疗保险覆盖范围最窄,只有不到 6% 的被访者享有补充型医疗保险。调查结果表示,15.2% 的被访者享有单位公费医疗,农业户口比例为 6.6%,非农户口比例为 33.9%;20.7% 的被访者享有城镇职工社会医疗保险,农业户口比例为 7.3%,非农户口比例为 49.8%;23.4% 的被访者享有城镇居民医疗保险,农业户口比例为 9.8%,非农户口比例为 53.2%;5.7% 的被访者享有补充医疗保险,农业户口比例为 2.5%,非农户口比例为 12.7%;56.1% 的被访者享有新型农村合作医疗保险,农业户口比例为 79.0%,非农户口比例为 6.2%(见表 8-18)。

表 8 - 18　社会保障

单位：人，%

类型	总体情况		农业户口		非农户口	
	数量	占比	数量	占比	数量	占比
单位公费医疗	248	15.2	74	6.6	174	33.9
城镇职工社会医疗保险	338	20.7	82	7.3	256	49.8
城镇居民医疗保险	381	23.4	109	9.8	272	53.2
补充医疗保险	93	5.7	28	2.5	65	12.7
新型农村合作医疗保险	914	56.1	882	79.0	32	6.2

四　退休人员与社会保障

通过比较 15 ~ 64 岁人口和 65 岁及以上人口在单位公费医疗、城镇职工社会医疗保险、城镇居民医疗保险、补充医疗保险和新型农村合作医疗保险上的享有比例，可以发现：65 岁及以上退休人口享有单位公费医疗、城镇职工社会医疗保险、城镇居民医疗保险、补充医疗保险上的比例远远低于15 ~ 64 岁人口，但 65 岁及以上退休人口享有新型农村合作医疗保险的比例远远高于 15 ~ 64 岁劳动人口。

调查结果表明，65 岁及以上退休人员享有单位公费医疗和城镇职工社会医疗保险的比例各为 1.1%，享有城镇居民医疗保险的比例为 5.4%，65岁及以上退休人员无一人享有补充医疗保险，但享有新型农村合作医疗保险的比例为 86.0%（见表 8 - 19）。

表 8 - 19　退休人员的社会保障

单位：人，%

类型	15 ~ 64 岁人口		65 岁及以上人口		总体情况	
	数量	占比	数量	占比	数量	占比
单位公费医疗	247	16.1	1	1.1	248	15.2
城镇职工社会医疗保险	336	21.9	1	1.1	338	20.7
城镇居民医疗保险	376	24.5	5	5.4	381	23.4
补充医疗保险	93	6.1	0	0	93	5.7
新型农村合作医疗保险	831	54.1	80	86.0	914	56.1

第九章
农业劳动者的生产与收入情况

第一节 农业劳动者的基本情况

一 基本情况

2011 年，有 37.1% 的家庭（296 户）从事农业生产，没有从事农业生产的家庭占 62.9%（502 户）。可见，将近 63% 的广东家庭在上一年没有从事农业生产，这表明广东家庭生产的非农化程度较高。

非珠三角地区家庭从事农业生产的比例是珠三角地区家庭的 3.95 倍。珠三角地区家庭从事农业生产的比例为 17.6%（88 户），非珠三角地区家庭比例为 69.6%（208 户），珠三角地区没有从事农业生产的比例为 82.4%（411 户），非珠三角地区没有从事农业生产的比例为 30.4%（91 户）。

二 农业劳动力

总的来看，在有从事农业生产的家庭中，23.0% 的家庭（66 户）有 1 人从事农业生产，其中珠三角地区家庭为 28.9%（24 户），非珠三角地区家庭为 20.6%（42 户）；64.8% 的家庭（186 户）有 2 人从事农业生产，其中珠三角地区家庭为 62.7%（52 户），非珠三角地区家庭为 65.7%（186 户）；5.2% 的家庭（15 户）有 3 人从事农业生产，其中珠三角地区家庭为 2.4%（2 户），非珠三角地区家庭为 6.4%（13 户）；5.2% 的家庭（15 户）有 4 人从事农业生产，其中珠三角地区家庭为 4.8%（4 户），非珠三角地区家庭为 5.4%（11 户）；1.4% 的家庭（4 户）有 5 人从事农业生产，其中非珠三角地区家庭为 2.0%（4 户）；0.3% 的家庭（1 户）有 6 人从事农业生产，其中珠三角地区家庭为 1.2%（1 户）（见表 9 - 1）。

表 9 - 1　农业生产人数

单位：户，%

从事生产人数	珠三角地区家庭		非珠三角地区家庭		总体情况	
	数量	占比	数量	占比	数量	占比
1 人	24	28.9	42	20.6	66	23.0
2 人	52	62.7	134	65.7	186	64.8
3 人	2	2.4	13	6.4	15	5.2
4 人	4	4.8	11	5.4	15	5.2
5 人	0	0	4	2.0	4	1.4
6 人	1	1.2	0	0	1	0.3
合　计	83	100.0	204	100.0	287	100.0
平均值（人）	1.88(0.83)		2.02(0.81)		1.98(0.82)	

注：括号内数字为标准差。

此外，在上一年从事农业生产的家庭中，平均每家从事农业生产的人数为 1.98 人（标准差为 0.22 人），珠三角地区平均为 1.88 人（标准差为 0.83 人），非珠三角地区平均为 2.02 人（标准差为 0.81 人）。

第二节　农业劳动者的生产情况

一　耕地情况

在从事农业生产的家庭中，每户家庭平均有耕地 3.88 亩（标准差为 4.41 亩），中位数为 2.5 亩，其中水田/水浇地平均为 2.53 亩，中位数为 2.0 亩，旱地平均为 0.93 亩，中位数为 0 亩。林地平均为 0.32 亩，果园平均为 0.54 亩，草场为 0 亩，池塘/鱼塘平均为 0.52 亩，菜地为 0.26 亩（见表 9 - 2）。可见，从事农业生产的广东家庭人均占有耕地面积较小，人均不足 4 亩，其中耕地以水田/水浇地为主；此外，人均果园面积和人均池塘/鱼塘面积均在半亩以上，分别为 0.54 亩和 0.52 亩，人均林地和菜地不到 1/3 亩，人均草地为 0 亩。

表 9 - 2 耕地情况

单位：亩，户

类别		平均值	标准差	中位数	样本量
总耕地情况	耕地	3.88	4.41	2.50	280
	水田/水浇地	2.53	2.54	2.00	287
	旱地	0.93	1.85	0	266
	林地	0.32	1.93	0	258
	果园	0.54	2.97	0	259
	草场	0	0	0	258
	池塘/鱼塘	0.52	2.77	0	259
	菜地	0.26	0.48	0.10	275
承包他人土地情况	耕地	1.23	4.27	0	246
	水田/水浇地	0.88	3.37	0	237
	旱地	0.11	0.57	0	232
	林地	0.01	0.09	0	232
	果园	0.20	2.09	0	234
	草场	0	0	0	230
	池塘/鱼塘	0.37	2.69	0	234
	菜地	0.04	0.28	0	234
弃耕土地情况	耕地	0.53	1.56	0	246
	水田/水浇地	0.31	1.08	0	239
	旱地	0.12	0.62	0	229
	林地	0.004	0.06	0	230
	果园	0.01	0.26	0	231
	草场	0	0	0	230
	池塘/鱼塘	0.001	0.03	0	231
	菜地	0.002	0.02	0	231

承包他人土地平均面积不及总耕地面积的 1/3。人均承包耕地占总耕地平均面积的 31.7%，承包他人耕地平均为 1.23 亩，其中水田/水浇地平均为 0.88 亩，旱地平均为 0.11 亩，林地平均为 0.01 亩，果园平均为 0.20 亩，草场为 0 亩，池塘/鱼塘平均为 0.37 亩，菜地为 0.04 亩。

弃耕土地平均为 0.53 亩，其中水田/水浇地平均为 0.31 亩，旱地平均为 0.12 亩，林地平均为 0.004 亩，果园平均为 0.01 亩，草场为 0 亩，池塘/鱼塘平均为 0.001 亩，菜地为 0.002 亩。

二 承包耕地原因

增加收入是承包他人土地的家庭的最主要目的。调查结果表明，66.2%的家庭承包他人土地是为了想多点收入；27.1%的家庭承包他人土地是因为村里没人种的地多，荒了太可惜；10.0%的家庭承包他人土地是因为家里劳动力多；5.6%的家庭承包他人土地是因为家里有农业生产机械或者有特殊品种、作物的种植技术（见表9－3）。

表9－3 承包他人土地的原因分布

单位：户，%

原因	数量	占比
想多点收入	47	66.2
村里没人种的地多,荒了太可惜	19	27.1
家里劳动力多	7	10.0
家里有农业生产机械或者有特殊品种、作物的种植技术	4	5.6

非珠三角地区家庭因为担心土地抛荒而承包他人土地的比例大大高于珠三角地区家庭，此外非珠三角地区家庭因增加收入而承包他人土地的比例也高于珠三角地区家庭。调查结果表明，63.6%的珠三角地区家庭承包他人土地是为了想多点收入，而非珠三角地区家庭为67.3%；19.0%的珠三角地区家庭承包他人土地是因为村里没人种的地多，荒了太可惜，而非珠三角地区家庭为30.6%；9.5%的珠三角地区家庭承包他人土地是因为家里劳动力多，而非珠三角地区家庭为10.2%；9.5%的珠三角地区家庭承包他人土地是因为家里有农业生产机械或者有特殊品种、作物的种植技术，而非珠三角地区家庭为4.0%（见表9－4）。

表9－4 承包他人土地原因的地区差异

单位：%

原因	珠三角地区	非珠三角地区
想多点收入	63.6	67.3
村里没人种的地多,荒了太可惜	19.0	30.6
家里劳动力多	9.5	10.2
家里有农业生产机械或者有特殊品种、作物的种植技术	9.5	4.0

三　土地弃耕原因

半数以上的家庭弃耕土地是因为劳动力短缺，其次是因土地贫瘠和收成不好导致耕地收益低下而弃耕。调查结果表明，50.7% 的家庭因为缺少劳动力，耕种不了而弃耕土地；41.2% 的家庭因为土地贫瘠，收成不好，不愿意耕种了而弃耕土地；各有 13.2% 的家庭因为有亲戚或朋友家没地种，就转给他们去种了以及因距离远，交通不方便而弃耕土地；各有 10.3% 的家庭因为亏本，不愿意耕种了以及因种地太辛苦，不愿意耕种了而弃耕土地；还有 8.8% 的家庭因为想转行干点别的工作，不想再耕种了而弃耕土地（见表 9-5）。此外，没有家庭因为要搬迁到别处去，不再耕种了而弃耕土地。

表 9-5　弃耕土地原因分布（多选）

单位：户，%

原因	数量	占比
缺少劳动力,耕种不了	35	50.7
土地贫瘠,收成不好,不愿意耕种了	28	41.2
有亲戚或朋友家没地种,就转给他们去种了	9	13.2
距离远,交通不方便	9	13.2
亏本,不愿意耕种了	7	10.3
种地太辛苦,不愿意耕种了	7	10.3
想转行干点别的工作,不想再耕种了	6	8.8

珠三角地区因为劳动力短缺而弃耕土地的比例大大高于非珠三角地地区，而非珠三角地区家庭因为土地贫瘠和收成不好导致土地收益低下而弃耕土地的比例大大高于珠三角地区家庭。调查结果表明，分别有 81.8% 的珠三角地区家庭和 44.8% 的非珠三角地区家庭因为缺少劳动力，耕种不了而弃耕土地；分别有 18.2% 的珠三角地区家庭和 45.6% 的非珠三角地区家庭因为土地贫瘠，收成不好，不愿意耕种了而弃耕土地；分别有 9.1% 的珠三角地区家庭和 14.0% 的非珠三角地区家庭因为有亲戚或朋友家没地种，就转给他们去种了而弃耕土地；分别有 9.1% 的珠三角地区家庭和 14.0% 的非珠三角地区家庭因为距离远，交通不方便而弃耕土地；分别有 9.1% 的

珠三角地区家庭和 10.5％的非珠三角地区家庭因为亏本，不愿意耕种了而弃耕土地；分别有 9.1％的珠三角地区家庭和 10.5％的非珠三角地区家庭因为种地太辛苦，不愿意耕种了而弃耕土地；还有 10.5％的非珠三角地区家庭因为想转行干点别的工作，不想再耕种了而弃耕土地，珠三角地区家庭则没有因为想转行干点别的工作，不想再耕种了而弃耕土地（见表 9-6）。此外，珠三角地区家庭和非珠三角地区家庭均不存在因为要搬迁到别处去，不再耕种了而弃耕土地的现象。

表 9-6　弃耕土地原因的地区差异（多选）

单位：％

原因	珠三角地区	非珠三角地区
缺少劳动力，耕种不了	81.8	44.8
土地贫瘠，收成不好，不愿意耕种了	18.2	45.6
有亲戚或朋友家没地种，就转给他们去种了	9.1	14.0
距离远，交通不方便	9.1	14.0
亏本，不愿意耕种了	9.1	10.5
种地太辛苦，不愿意耕种了	9.1	10.5
想转行干点别的工作，不想再耕种了	0	10.5

第三节　农业劳动者的收入水平和成本投入

一　农业生产收入

上一年，广东家庭农林牧副渔业毛收入平均为 11245.1 元（标准差为 26442.6 元），最高为 240000 元，最低为 0 元；其中，农林牧副渔业纯收入平均为 4612.7 元（标准差为 7914.1 元），最高为 60000 元，最低为 -20000元。

从事农林牧副渔业毛收入在 1000 元及以下的比例为 29.7％，1001～3000 元的比例为 19.8％，3001～5000 元的比例为 13.3％，5001～10000 元的比例为 14.8％，10001～20000 元的比例为 10.3％，20001～30000 元的比例为 4.6％，30000 元以上的比例为 7.6％（见表 9-7）。

表 9－7　农林牧副渔业收入

单位：户，%

收入水平	农林牧副渔业毛收入		农林牧副渔业纯收入	
	数量	占比	数量	占比
1000 元及以下	78	29.7	118	43.9
1001 ~ 3000 元	52	19.8	62	23.0
3001 ~ 5000 元	35	13.3	19	7.1
5001 ~ 10000 元	39	14.8	36	13.4
10001 ~ 20000 元	27	10.3	25	9.3
20001 ~ 30000 元	12	4.6	5	1.9
30000 元以上	20	7.6	4	1.5
合　计	263	100.0	269	100.0
平均值（元）	11245.1（26442.6）		4612.6（7914.1）	

注：括号内数字为标准差。

从事农林牧副渔业纯收入在 1000 元及以下的比例为 43.9%，1001 ~
3000 元的比例为 23.0%，3001 ~ 5000 元的比例为 7.1%，5001 ~ 10000 元的
比例为 13.4%，10001 ~ 20000 元的比例为 9.3%，20001 ~ 30000 元的比例
为 1.9%，30000 元以上的比例为 1.5%。

可见，近五成（49.5%）从事农林牧副渔业的家庭上一年毛收入在
3000 元及以下，接近 70%（66.9%）从事农林牧副渔业的家庭上一年纯收
入 3000 元及以下。从事农林牧副渔业的家庭上一年毛收入在 20000 元以
上的比例只有 12.2%，而纯收入在 20000 元以上的比例只有 3.4%。这表
明，从事农林牧副渔业的家庭不仅毛收入水平低，而且纯收入水平也不高，
甚至还存在亏损现象。

二　农业生产成本

上一年，从事农业经营总成本平均为 3546.1 元（标准差为 7755.5 元），
最高为 65000 元；其中化肥、农药和种子的成本平均为 1903.9 元（标准差
为 4405.1 元），最高为 50000 元；化肥、农药和种子成本平均值占农业经营
总成本平均值的 53.7%。可见，在从事农林牧副渔业的经营成本中，一半
以上用于购买化肥、农药和种子，这表明农业经营过程中的农资产品价格较
高，这直接影响了农民从事农业生产的净收益。

上一年家庭农业经营总成本在 1000 元及以下的比例为 45.5%，在

1001～2000 元的比例为 21.1%，在 2001～3000 元的比例为 11.3%，在 3001～5000 元的比例为 8.4%，在 5001～8000 元的比例为 4.4%，在 8001～12000 元的比例为 4.0%，在 12000 元以上的比例为 5.5%。化肥、农药和种子的成本在 500 元及以下的比例为 41.7%，在 501～1000 元的比例为 24.5%，在 1001～1500 元的比例为 5.4%，在 1501～2000 元的比例为 7.9%，在 2001～3000 元的比例为 9.0%，在 3000 元以上的比例为 11.5%（见表 9－8）。可见，大部分家庭农业经营总成本在 2000 元及以下，66.6% 的家庭农业经营成本不足 2000 元，66.2% 的家庭用于化肥、农药和种子的成本在 1000 元及以下。

表 9－8　农业生产经营成本

单位：户，%

农业经营总成本			化肥、农药和种子成本		
选项	数量	占比	选项	数量	占比
1000 元及以下	125	45.5	500 元及以下	116	41.7
1001～2000 元	58	21.1	501～1000 元	68	24.5
2001～3000 元	31	11.3	1001～1500 元	15	5.4
3001～5000 元	23	8.4	1501～2000 元	22	7.9
5001～8000 元	12	4.4	2001～3000 元	25	9.0
8001～12000 元	11	4.0	3000 元以上	32	11.5
12000 元及以上	15	5.5	合　计	278	100.0
合　计	275	100.0	平均值（元）	1903.9	
平均值（元）	3546.1（7755.5）			（4405.1）	

注：括号内数字为标准差。

三　农业收入的地区差异

珠三角地区家庭农林牧副渔业毛收入比非珠三角地区家庭高，但纯收入却比非珠三角地区家庭低。上一年，珠三角地区家庭农林牧副渔业毛收入平均为 13699.6 元，非珠三角地区为 10191.2 元，前者比后者高 3508.4 元；上一年，珠三角地区家庭农林牧副渔业纯收入平均为 3189.5 元，非珠三角地区为 5236.7 元，前者比后者低 2047.2 元（见表 9－9）。珠三角地区家庭农林牧副渔业平均纯收入占毛收入平均值的 23.5%，非珠三角地区家庭农林牧副渔业平均纯收入占毛收入平均值的 51.4%，若以纯收入占毛收入的比值来衡量农林牧副渔业收益率的话，非珠三角地区农林牧副渔业收益率大大高于珠三角地区，前者比后者高 27.9 个百分点。

表 9 - 9　农林牧副渔业收入的地区差异

单位：%

选项	毛收入		纯收入	
	珠三角地区	非珠三角地区	珠三角地区	非珠三角地区
1000 元及以下	36.7	26.6	48.8	41.7
1001 ~ 3000 元	19.0	20.1	24.4	22.5
3001 ~ 5000 元	12.7	13.6	4.9	8.0
5001 ~ 10000 元	13.9	15.2	13.4	13.4
10001 ~ 20000 元	5.1	12.5	7.3	10.2
20001 ~ 30000 元	2.5	5.4	1.2	2.1
30000 元及以上	10.1	6.5	0	2.1
合　计	100.0	100.0	100.0	100.0
平均值（元）	13699.6（38458.3）	10191.2（19155.3）	3189.5（5944.8）	5236.7（8577.3）

注：括号内数字为标准差。

珠三角地区家庭从事农林牧副渔业毛收入在 1000 元及以下的比例为 36.7%，1001 ~ 3000 元的比例为 19.0%，3001 ~ 5000 元的比例为 12.7%，5001 ~ 10000 元的比例为 13.9%，10001 ~ 20000 元的比例为 5.1%，20001 ~ 30000 元的比例为 2.5%，30000 元以上的比例为 10.1%；非珠三角地区家庭从事农林牧副渔业毛收入在 1000 元及以下的比例为 26.6%，1001 ~ 3000 元的比例为 20.1%，3001 ~ 5000 元的比例为 13.6%，5001 ~ 10000 元的比例为 15.2%，10001 ~ 20000 元的比例为 12.5%，20001 ~ 30000 元的比例为 5.4%，30000 元以上的比例为 6.5%。

珠三角地区家庭从事农林牧副渔业纯收入在 1000 元及以下的比例为 48.8%，1001 ~ 3000 元的比例为 24.4%，3001 ~ 5000 元的比例为 4.9%，5001 ~ 10000 元的比例为 13.4%，10001 ~ 20000 元的比例为 7.3%，20001 ~ 30000 元的比例为 1.2%，30000 元以上的比例为 0；非珠三角地区家庭从事农林牧副渔业纯收入在 1000 元及以下的比例为 41.7%，1001 ~ 3000 元的比例为 22.5%，3001 ~ 5000 元的比例为 8.0%，5001 ~ 10000 元的比例为 13.4%，10001 ~ 20000 元的比例为 10.2%，20001 ~ 30000 元的比例为 2.1%，30000 元以上的比例为 2.1%。

可见，珠三角地区家庭从事农林牧副渔业毛收入在 3000 元及以下的比例高于非珠三角地区家庭，而纯收入在 20000 元以上的比例低于非珠三角地区家庭。珠三角地区家庭从事农林牧副渔业毛收入在 3000 元及以下的比例为 55.7%，非珠三角地区为 46.7%，珠三角地区家庭从事农林牧副渔业毛收入在 3000 元及以下的比例比非珠三角地区家庭高 9 个百分点；珠三角地区家庭从事农林牧副渔业纯收入在 20000 元以上的比例为 1.2%，非珠三角地区为 4.2%，珠三角地区家庭从事农林牧副渔业纯收入在 20000 元及以上的比例比珠三角地区家庭低 3 个百分点；珠三角地区家庭从事农林牧副渔业纯收入在 3000 元及以下的比例为 73.2%，非珠三角地区家庭为 64.2%，珠三角地区家庭从事农林牧副渔业纯收入在 3000 元及以下的比例比非珠三角地区高 9 个百分点。

四 农业生产成本的地区差异

上一年，珠三角地区农业经营总成本平均为 4343.5 元，非珠三角地区家庭平均为 3224.6 元，珠三角地区农业经营总成本平均比非珠三角地区高 1118.9 元；其中，珠三角地区化肥、农药和种子的平均成本为 1930.1 元，非珠三角地区为 1893.5 元，珠三角地区化肥、农药和种子的平均成本比非珠三角地区高 36.6 元（见表 9 - 10）。通过计算化肥、农药和种子平均成本占农业经营平均总成本的比例可以发现，珠三角地区化肥、农药和种子平均成本占农业经营平均总成本的比例为 44.4%，非珠三角地区为 58.7%，非珠三角地区化肥、农药和种子平均成本占农业经营平均总成本的比例比珠三角地区高 14.3 个百分点。

表 9 - 10 农业经营总成本和化肥农药种子成本的地区差异

单位：%

成本	农业经营总成本		成本	化肥、农药和种子成本	
	珠三角地区	非珠三角地区		珠三角地区	非珠三角地区
1000 元及以下	38.0	48.5	500 元及以下	39.2	42.7
1001～2000 元	25.3	19.4	501～1000 元	29.1	22.6
2001～3000 元	15.2	9.7	1001～1500 元	7.6	4.5
3001～5000 元	7.6	8.7	1501～2000 元	7.6	8.0
5001～8000 元	3.8	4.6	2001～3000 元	7.6	9.5
8001～12000 元	1.3	5.1	3000 元及以上	8.9	12.6

成本	农业经营总成本		成本	化肥、农药和种子成本	
	珠三角地区	非珠三角地区		珠三角地区	非珠三角地区
12000 元及以上	8.9	4.1	合　计	100.0	100.0
合　计	100.0	100.0	平均值（元）	1930.1 (4988.7)	1893.5 (4164.4)
平均值（元）	4343.5 (9203.8)	3224.6 (7090.1)			

注：括号内数字为标准差。

上一年，珠三角地区家庭农业经营总成本在 1000 元及以下的比例为 38.0%，在 1001～2000 元的比例为 25.3%，在 2001～3000 元的比例为 15.2%，在 3001～5000 元的比例为 7.6%，在 5001～8000 元的比例为 3.8%，在 8001～12000 元的比例为 1.3%，在 12000 元以上的比例为 8.9%；非珠三角地区家庭农业经营总成本在 1000 元及以下的比例为 48.5%，在 1001～2000 元的比例为 19.4%，在 2001～3000 元的比例为 9.7%，在 3001～5000 元的比例为 8.7%，在 5001～8000 元的比例为 4.6%，在 8001～12000 元的比例为 5.1%，在 12000 元以上的比例为 4.1%。可见，珠三角地区家庭农业经营总成本在 1000 元及以下的比例比非珠三角地区家庭低 10.5 个百分点，农业经营总成本在 12000 元以上的比例比非珠三角地区高 4.8 个百分点。

珠三角地区化肥、农药和种子的成本在 500 元及以下的比例为 39.2%，在 501～1000 元的比例为 29.1%，在 1001～1500 元的比例为 7.6%，在 1501～2000 元的比例为 7.6%，在 2001～3000 元的比例为 7.6%，在 3000 元以上的比例为 8.9%；非珠三角地区化肥、农药和种子的成本在 500 元及以下的比例为 42.7%，在 501～1000 元的比例为 22.6%，在 1001～1500 元的比例为 4.5%，在 1501～2000 元的比例为 8.0%，在 2001～3000 元的比例为 9.5%，在 3000 元以上的比例为 12.6%。可见，非珠三角地区化肥、农药和种子成本在 3000 元以上的比例比珠三角地区高 3.7 个百分点。

五　农业经营收入

调查结果表明，2010 年 6 月以来，35.8% 的家庭从事了菜园经营，平均收入为 1876.0 元（标准差为 3193.5 元）；8.5% 的家庭从事了果园经营，平均收入为 773.1 元（标准差为 2106.2 元）；66.3% 的家庭从事了粮食作物经营，平均收入为 3149.1 元（标准差为 6374.0 元）；12.2% 的家庭从事了禽畜养殖经营，平均收入为 14051.7 元（标准差为 44854.7 元）；7.2% 的家庭从事了渔业经营，平均收入为 26330.0 元（标准差为 52483.3 元）；10.4% 的家庭从事了其他经济作物经营，平均收入为 11323.1 元（标准差为 10904.2 元）（见表 9－11）。

表 9－11　农业经营收入

经营项目	经营		没有经营		平均值（元）	标准差（元）
	数量（户）	占比（%）	数量（户）	占比（%）		
菜园	103	35.8	185	64.2	1876.0	3193.5
果园	24	8.5	260	91.5	773.1	2106.2
粮食作物	191	66.3	97	33.7	3149.1	6374.0
禽畜养殖	34	12.2	245	87.8	14051.7	44854.7
渔业	20	7.2	258	92.8	26330.0	52483.3
其他经济作物	29	10.4	249	89.6	11323.1	10904.2

可见，虽然从事渔业经营的家庭比例最低，但渔业经营的平均收入最高。此外，从事粮食作物经营的家庭比例最高，从事果园经营的平均收入最低。

第十章

外来流动人口家庭和本地
流出人员的工作情况

在被调查的所有样本家庭户中，户口在本市或本县的比例为88.3%（702户），非本县/市户口的比例为11.7%（93户）；在93户非本县/市户口的家庭中，家庭离开户口所在地已有半年的比例为95.7%（89户），没有半年的比例为4.3%（4户）。

外来流动人口家庭是指户口为调查所在地以外的县/市，并且在调查所在地工作和居住的93户家庭。

本地流出人员是指所有样本家庭户中，与所调查家庭有直系血缘关系，但目前在家庭所在地以外的地方居住和工作（不包括参军的个体和学生）的家庭成员。访问员通过现场打电话的方式向在外地居住和生活的家庭成员访问获得资料。

第一节 外来流动人口家庭的背景、流动与评价

一 老家住房

近八成（79.8%）的流动人口家庭在老家有住房，在老家没有住房的比例为20.2%（18户）；老家有住房的流动人口家庭主要集中在珠三角地区，其中珠三角地区流动人口家庭在老家有住房的比例为80.5%，在老家没有住房的比例为19.5%（见表10-1）。

表 10 - 1 老家住房情况

单位：户，%

类别	总体情况		珠三角地区		非珠三角地区	
	数量	占比	数量	占比	数量	占比
老家有住房	71	79.8	70	80.5	1	50.0
老家没住房	18	20.2	17	19.5	1	50.0
合 计	89	100.0	87	100.0	2	100.0

二 老家住房的面积和市值

流动人口家庭老家房屋建筑面积平均为 161.7 平方米（标准差为 113.9 平方米），珠三角地区流动人口老家房屋建筑面积平均为 162.6 平方米（标准差为 114.5 平方米）。其中老家房屋建筑面积在 100 平方米及以下的比例为 39.1%，珠三角地区流动人口家庭为 38.2%；101 ~ 200 平方米的比例为 44.9%，珠三角地区流动人口家庭为 45.6%；201 ~ 300 平方米的比例为 7.2%，珠三角地区流动人口家庭为 7.4%；300 平方米以上的比例为 8.7%，珠三角地区流动人口家庭为 8.8%（见表 10 - 2）。

表 10 - 2 老家房屋面积和市值

单位：户，%

老家房屋建筑面积	总体情况		珠三角地区	
	数量	占比	数量	占比
100 平方米及以下	27	39.1	26	38.2
101 ~ 200 平方米	31	44.9	31	45.6
201 ~ 300 平方米	5	7.2	5	7.4
300 平方米以上	6	8.7	6	8.8
合 计	69	100.0	68	100.0
平均值（平方米）	161.7(113.9)		162.6(114.5)	
老家宅基地面积	数量	占比	数量	占比
100 平方米及以下	22	36.1	22	36.7
101 万 ~ 200 平方米	19	31.1	18	30.0
201 万 ~ 300 平方米	12	19.7	12	20.0
300 平方米以上	8	13.1	8	13.3
合 计	61	100.0	60	100.0
平均值（平方米）	193.0(142.8)		193.5(144.0)	

续表

老家房屋市场价值	总体情况		珠三角地区	
	数量	占比	数量	占比
10 万元及以下	21	37.5	20	36.4
10.01 万~20 万元	13	23.2	13	23.6
20.01 万~30 万元	10	17.9	10	18.2
30 万元以上	12	21.4	12	21.8
合　计	56	100.0	55	100.0
平均值(万元)	27.3(34.3)		27.7(34.5)	

注：括号内的数字为标准差。

　　流动人口老家宅基地面积平均为 193.0 平方米（标准差为 142.8 平方米），珠三角地区流动人口老家宅基地面积平均为 193.5 平方米（标准差为 144.0 平方米）。其中老家宅基地面积在 100 平方米及以下的比例为 36.1%，珠三角地区流动人口家庭为 36.7%；101~200 平方米的比例为 31.1%，珠三角地区流动人口家庭为 30.0%；201~300 平方米的比例为 19.7%，珠三角地区流动人口家庭为 20.0%；300 平方米以上的比例为 13.1%，珠三角地区流动人口家庭为 13.3%。

　　流动人口家庭老家房屋市值平均为 27.3 万元（标准差为 34.3 万元），珠三角地区流动人口家庭老家房屋市值平均为 27.7 万元（标准差为 34.5 万元）。其中，房屋市值在 10 万元及以下的比例为 37.5%，珠三角地区流动人口家庭为 36.4%；10.01 万~20 万元之间的比例为 23.2%，珠三角地区流动人口家庭为 23.6%；20.01 万~30 万元之间的比例为 17.9%，珠三角地区流动人口家庭为 18.2%；30 万元以上的比例为 21.4%，珠三角地区流动人口家庭为 21.8%。

三　老家房屋的使用情况

　　七成以上（73.1%）的流动人口老家房屋是给家人/亲属居住，其次是 26.0% 的家庭将房屋闲置，只有 3.9% 的家庭将房屋用于出租。珠三角地区流动人口家庭的情况跟总体情况一致，73.7% 的家庭将老屋给家人或亲属居住，25.3% 的家庭的老屋处于闲置状态，4.0% 的家庭将老屋用于出租（见表 10 - 3）。

表 10 - 3 老家房屋使用情况

单位：户，%

使用情况	总体情况		珠三角地区	
	数量	占比	数量	占比
出租	3	3.9	3	4.0
给家人或亲属居住	57	73.1	56	73.7
闲置	20	26.0	19	25.3

四　与老家联系情况

大多数流动人口家庭在老家有家人。79.8%的流动人口家庭（71户）老家有家人，没有家人的比例为20.2%（18户）。上一年，流动人口家庭老家的家庭年收入平均为20184.3元（标准差45979.4元），其中老家总收入在5000元及以下的比例为51.6%，珠三角地区流动人口家庭为50.8%；5001～10000元的比例为4.8%，珠三角地区流动人口家庭为4.9%；10000元以上的比例为43.5%，珠三角地区流动人口家庭为44.3%（见表10-4）。

表 10 - 4 老家总收入情况

单位：户，%

收入水平	总体情况		珠三角地区	
	数量	占比	数量	占比
5000 元及以下	32	51.6	31	50.8
5001～10000 元	3	4.8	3	4.9
10000 元以上	27	43.5	27	44.3
合　计	62	100.0	61	100.0

大多数外出就业人员有往家里寄钱的习惯。75.3%的流动人口家庭（55户）每年会给老家寄钱，24.7%（18户）的家庭没有每年给老家寄钱。流动人口家庭平均每年给老家寄了7624.1元（标准差7669.3元）。其中寄给老家在5000元及以下的比例为55.6%，珠三角地区流动人口家庭为56.6%；5001～10000元的比例为24.1%，珠三角地区流动人口家庭为24.5；10000元以上的比例为20.4%，珠三角地区流动人口家庭为18.9%（见表10-5）。

表 10 - 5　流动人口家庭给老家汇款情况

单位：户，%

汇款情况	总体情况		珠三角地区	
	数量	占比	数量	占比
5000 元及以下	30	55.6	30	56.6
5001~10000 元	13	24.1	13	24.5
10000 元以上	11	20.4	10	18.9
合　计	54	100.0	53	100.0

五　回家情况

接近 78% 的流动人口家庭春节期间会回家。调查结果表明，77.5% 的流动人口家庭（55 户）春节会回家，33.8% 的流动人口家庭（24 户）清明节会回家，8.5% 的流动人口家庭（6 户）端午节会回家，21.1% 的流动人口家庭（15 户）中秋节会回家，11.3% 的流动人口家庭（8 户）国庆节会回家。此外，流动人口家庭每年平均回家次数为 3.13 次（标准差为 6.12 次），最多的一个家庭一年回家 48 次，最少的家庭则一年一次也没有回。

接近 89% 的流动人口是在 1991 年及以后离开老家。调查结果表明，4.5% 的人是 1980 年及以前离开老家，6.7% 的人是 1981~1990 年离开老家，44.9% 的人是 1991~2000 年离开老家，40.4% 的人是 2001~2010 年离开老家，还有 3.4% 的人是 2010 年以后离开老家（见表 10-6）。

表 10 -6　第一次离开老家的时间

单位：户，%

时间	数量	占比	累积占比
1980 年及以前	4	4.5	4.5
1981~1990 年	6	6.7	11.2
1991~2000 年	40	44.9	56.2
2001~2010 年	36	40.4	96.6
2010 年至今	3	3.4	100.0
合　计	89	100.0	——

六　捐赠情况

大多数流动人口没有对老家捐赠过，只有不到33%的流动人口自离开家乡后对老家有过捐赠行为。调查结果表明，32.6%的流动人家庭（29户）对老家有过捐赠，没有捐赠的比例为67.4%（60户）。流动人口对家乡公共设施捐赠总额平均为5527.8元（标准差为11732.8元），最高为50000元，最低为50元，其中修路平均为1813.0元（标准差为4492.3元），最高为20000元，最低为0元；修庙宇/祠堂平均为1700.0元（标准差为3009.2元），最高为10000元，最低为0元；学校建设平均为924.5元（标准差为2420.3元），最高为10000元，最低为0元；修水利设施平均为1005.0元（标准差为4471.0元），最高为20000元，最低为0元。

48.3%的流动人口家庭（43户）给家乡人找过工作，15.7%的流动人口家庭（14户）帮家乡人处理过纠纷；20.2%的流动人口家庭（18户）帮家乡人做过公益事业，4.5%的流动人口家庭（4户）帮家乡人进行过招商引资；36.0%的流动人口家庭（32户）没有帮家乡人做过上述任何事情。

七　地位评价与未来打算

超过66%的流动人口家庭认为所在家庭的收入水平处在老家的中上水平。其中，2.3%的流动人口家庭认为其收入水平在老家处于上层地位，13.8%认为处在中上层地位，50.6%认为处在中层地位，18.4%认为处于中下层地位，14.9%认为处在下层地位（见表10 - 7）。

表10 - 7　收入水平在老家的地位

单位：户，%

地位	数量	占比	累积占比
上层	2	2.3	2.3
中上层	12	13.8	16.1
中层	44	50.6	66.7
中下层	16	18.4	85.1
下层	13	14.9	100.0
合　计	87	100.0	—

　　半数以上的流动人口家庭未来可能返乡居住，只有不到23%的流动人口家庭表示不可能返乡居住。调查结果表明，27.0%的流动人口家庭表示未来非常可能回家乡居住，表示比较可能的比例为27.0%，表示不确定的比例为23.6%，表示比较不可能的比例为15.7%，表示非常不可能的比例为6.7%（见表10-8）。

表 10-8　未来回家可能性

单位：户，%

可能性	数量	占比	累积占比
非常可能	24	27.0	27.0
比较可能	24	27.0	54.0
不确定	21	23.6	77.6
比较不可能	14	15.7	93.4
非常不可能	6	6.7	100.0
合　计	89	100.0	—

第二节　本地流出人员的工作、家庭与遭遇

一　在岗情况

　　超过86%（86.4%）的外出就业人员上周有工作，没有工作的比例为13.6%；在没有工作的外出务工人员样本中，11.3%的外出就业人员在过去4周找过工作，没有找过工作的比例为88.7%；85.5%的外出就业人员早前有过工作经历，没有工作经历的比例为14.5%。

二　职业类型

　　商业和服务业吸纳了超过三成的外出就业人员。调查结果表明，外出就业人口从事商业、服务业的比例最高，31.5%的人是商业、服务业人员；其次是从事生产、运输设备操作和有关人员，26.6%的人是生产、运输设备操作和有关人员。此外，有13.1%的人是不便分类的其他从业人员，12.4%的人是专业技术人员，7.3%的人是办事人员和有关人员，3.9%的人是国家机关、党群组织、企事业单位负责人，2.9%的

人是农、林、牧、渔、水利业生产人员，2.4%的人从事其他职业（见表 10－9）。

表 10 9 职业种类

单位：人，%

类别	数量	占比
商业、服务业人员	186	31.5
生产、运输设备操作和有关人员	157	26.6
不便分类的其他从业人员	77	13.1
专业技术人员	73	12.4
办事人员和有关人员	43	7.3
国家机关、党群组织、企事业单位负责人	23	3.9
农、林、牧、渔、水利业生产人员	17	2.9
其他	14	2.4
合 计	590	100.0

八成以上的外出就业人员是普通职员，担任小组长/主管及以上领导职务的比例不及两成。调查结果表明，18.7%的人在所在单位担任了小组长/主管及以上领导职务，没有担任领导职务的比例为 81.3%。

除无人在采矿业和国际组织工作外，外出就业人员从事行业比例最高的是制造业，其次分别是建筑业和批发零售业，超过 30%的外出务工人员在制造行业工作，这也从一个侧面体现了中国作为制造业大国的地位和实力。调查结果表明，在制造行业工作的占 30.4%，在建筑业和批发零售业工作的比例均为 9.6%，其他依次为：住宿和餐饮业占 8.1%，交通运输、仓储和邮政业占 7.3%，居民服务和其他服务业占 5.3%，信息传输、计算机服务和软件业占 5.0%，卫生、社会保障和社会福利业占 4.1%，教育占 3.7%，租赁和商务服务业占 3.5%，文化、体育和娱乐业占 3.2%，房地产业占 3.2%，公共管理和社会组织占 3.0%，农林牧渔业占 1.8%，金融保险业占 0.9%，电力、燃气及水的生产和供应业占 0.7%，水利、环境和公共设施管理业占 0.5%，科学研究、技术服务和地质勘探业占 0.2%（见表 10－10）。

表 10 - 10　行业类别

单位：人，%

类别	数量	占比
制造业	172	30.4
建筑业	54	9.6
批发零售业	54	9.6
住宿和餐饮业	46	8.1
交通运输、仓储和邮政业	41	7.3
居民服务和其他服务业	30	5.3
信息传输、计算机服务和软件业	28	5.0
卫生、社会保障和社会福利业	23	4.1
教育	21	3.7
租赁和商务服务业	20	3.5
文化、体育和娱乐业	18	3.2
房地产业	18	3.2
公共管理和社会组织	17	3.0
农林牧渔业	10	1.8
金融保险业	5	0.9
电力、燃气及水的生产和供应业	4	0.7
水利、环境和公共设施管理业	3	0.5
科学研究、技术服务和地质勘探业	1	0.2
合　计	565	100.0

从单位所有制性质来看，私有制单位吸纳了绝大多数外出就业人员。调查结果表明，13.7%的人在公有制单位工作，84.1%的人在私有制单位上班，还有2.1%的人在混合所有制单位上班。

三　工作时间与换工作情况

绝大部分人是在20世纪90年代以来外出工作的。调查结果表明，自1991年至今外出工作的比例为93.4%，其中1991～2000年外出工作的比例为14.0%，2001年至今外出工作的比例为79.4%，此外，1981～1990年外出工作的比例为4.7%，1971～1980年外出工作的比例为1.1%，1970年及以前外出工作的比例为0.9%（见表10-11）。

表 10 - 11　外出工作时间

单位：人，%

时间	数量	占比	累积占比
1970 年及以前	5	0.9	0.9
1971 ~ 1980 年	6	1.1	2.0
1981 ~ 1990 年	26	4.7	6.6
1991 ~ 2000 年	78	14.0	20.6
2001 年至今	444	79.4	100.0
合　计	559	100.0	

外出务工人员的工作比较稳定，换工频率不高，61%的人从家乡出去以后没有变换过工作，平均换工次数为 0.9 次（标准差为 1.5 次），换工次数最高为 10 次。其中，换工次数为 0 的比例为 61.0%，换过 1 次工作的比例为 12.8%，换过 2 次工作的比例为 14.8%，换过 3 次工作的比例为 4.6%，换过 4 次工作的比例为 4.0%，换过 5 次工作的比例为 1.6%，换过 6 次工作的比例为 0.4%，换过 7 次工作的比例为 0.5%，换过 10 次工作的比例为 0.4%。

外出务工人员中有接近 37%的人没有给家里汇过款，在有汇款的外出务工人员中，接近 75%的外出务工人员平均每年给家里汇款总额在 3000 元及以下，84%的外出务工人员平均每年给家里汇款总额在 5000 元及以下。其中，36.7%的人平均每年寄回家里的现金为 0 元，20.2%的人平均每年寄回家里的现金为 1 ~ 1000 元，17.7%的人平均每年寄回家里的现金为 1001 ~ 3000 元，9.4%的人平均每年寄回家里的现金为 3001 ~ 5000 元，11.5%的人平均每年寄回家里的现金为 5001 ~ 10000 元，只有 4.4%的人平均每年寄回家里的现金在 10000 元以上（见表 10 - 12）。

表 10 - 12　汇款情况

单位：人，%

汇款金额	数量	占比	累积占比
0 元	207	36.7	36.7
1 ~ 1000 元	114	20.2	56.9
1001 ~ 3000 元	100	17.7	74.6
3001 ~ 5000 元	53	9.4	84.0
5001 ~ 10000 元	65	11.5	95.6
10000 元以上	25	4.4	100.0
合　计	564	100.0	

总的来看，外出务工人员每年寄回家里的现金平均为 2712.8 元（标准差为 4648.8 元），最高为每年给家里汇款 45500 元。

四　回家探亲

外出务工人员春节回家的比例最高，高达 93% 的本地外出务工人员会选择春节回家，其次有近 46% 的人选择中秋节回家，端午节回家的比例最低，只有不到 33% 的人会选择端午节回家。调查结果表明，93.0% 的外出务工人员春节会回家，中秋回家的比例为 45.5%，清明回家的比例为 41.0%，国庆回家的比例为 36.9%，端午节回家的比例为 32.3%。

外出务工人员每年回家次数平均为 13.1 次（标准差为 43.5 次），最多的是一年 365 天每天都回家。具体情况如下所示：6.7% 的外出务工人员平均每年回家次数为 0，26.1% 的人平均每年回家 1 次，20.5% 的人平均每年回家 2 次，9.8% 的人平均每年回家 3 次，35.8% 的人平均每年回家次数在 4 次或以上。

五　子女情况

本地外出务工人员中的党员比例不高，只有 6.1% 的人是党员，非党员比例为 93.9%。

六成以上的外出务工人员有小孩。没有小孩的比例为 33.7%，有 1 个小孩的比例为 29.7%，有 2 个小孩的比例为 24.6%，有 3 个小孩的比例为 8.7%，有 4 个小孩的比例为 2.8%，有 5 个小孩的比例为 0.5%。总的来看，外出务工人员平均有小孩 1.2 个（标准差为 1.1 个），最多有 5 个小孩。

随着小孩数量的增加，成为留守儿童的比例在下降，跟随父母在务工地上学的比例越来越高。调查结果表明，第一个小孩的平均年龄为 13.1 岁（标准差为 9.3 岁），其中留守儿童比例为 31.0%，非留守儿童占 69.0%；第二个小孩的平均年龄为 14.1 岁（标准差为 9.4 岁），其中留守儿童比例为 33.0%，非留守儿童比例为 67.0%；第三个小孩的平均年龄为 16.2 岁（标准差为 9.6 岁），其中留守儿童比例为 38.3%，非留守儿童为 61.7%；第四个小孩的平均年龄为 20.1 岁（标准差为 9.9 岁），其中留守儿童比例为 21.4%，非留守儿童为 78.6%。

六 务工遭遇

调查结果表明，22.8%的外出务工人员在现居地（流入地）已经购买房产，没有购买房产的比例占77.2%。自外出务工以来，98.0%的人没有职业病，只有2.0%的人有职业病，没有人因为职业病造成身体残疾，也没有人因职业病得到补偿；自外出务工以来，97.1%的人没有受过工伤，受过工伤的比例为2.9%，其中4人因工伤造成了身体残疾，占总样本的0.7%，9人因工伤得到了补偿，占总样本的1.5%；此外，97.1%的人没有在家乡从事投资经营活动，只有2.9%的人曾在家乡从事投资经营活动。

第三节　本地流出人员的雇佣形式与劳动状态

本地外出务工人员绝大多数是雇员，雇员比例占77.9%，其次有13.5%的人是雇主/自雇。此外，6.0%的人是零工/散工，0.2%的人既是雇主/自雇又是雇员，2.4%的人从事务农工作。具体如表10-13所示。

表10-13　从业状态

单位：人，%

形　式	数量	占比
零工/散工	28	6.0
只是雇员	364	77.9
只是雇主/自雇	63	13.5
既是雇主/自雇又是雇员	1	0.2
务农	11	2.4
合　计	467	100.0

一 零工/散工

（一）行业分布与经营方式

半数以上的零工/散工在装修行业工作。调查结果表明，53.6%的人从事零散性装修工，7.1%的人从事钟点工，3.6%的人从事摩托车搭客工作，35.7%的人从事其他类型的工作。

个体独立经营是大多数零工/散工的主要营业方式，合伙经营主要是与亲戚和老乡进行，无人采用配偶合伙经营方式。调查结果表明，44.8%的零工/散工是自己一个人经营，20.7%的人是与亲戚、老乡合伙经营，6.9%的人是与外地人合伙经营，3.4%的人是与家人（如父母、兄弟姐妹、子女等）一起经营，还有24.1%的人与其他人合伙经营。

（二）工作时间

绝大多数的零工/散工并无固定工作时间，只有24.1%的人有固定工作时间，没有固定工作时间的比例占75.9%。其中，在无固定工作时间的零工/散工中，一般来说平均一天工作10.5个小时（标准差为3.1个小时），一般最长工作一天工作20个小时，一般最短一天工作4个小时；平均来说每天大概工作8个小时（标准差为2个小时），平均来说每天最多工作大概10个小时，平均来说每天最少工作大概3个小时。

对所有零工/散工来说，一般每个月休息6.8天（标准差为5.4天），一般每月最多休息20天；上一个月实际平均休息了8.6天（标准差为8.4天），上个月最长休息了30天。

（三）工作场所

大部分零工/散工没有固定的工作场所，他们多处于流动状态，市场需求决定了他们的工作地点。调查结果表明，72.4%的零工/散工无固定工作场所，有固定工作场所的比例为10.3%，17.2%的零工/散工的工作场所有时固定，有时不固定，始终处在流动的状态（见表10-14）。

表10-14 工作场所

单位：人，%

场所类型	数量	占比
固定场所	3	10.3
有时固定,有时不固定	5	17.2
无固定场所	21	72.4
合 计	29	100.0

自从事目前的零工/散工以来，34.5%的人在居民小区内工作过，10.3%的人在居民小区门口工作过，10.3%的人在闹市区工作过，6.9%的人在步行街工作过，20.7%的人在城市周边地带工作过，3.4%的人在城中村工作过，3.4%的人在大街上工作过，10.3%的人在大街小巷里工作过，3.4%的人在人行天桥上工作过，3.4%的人在菜市场工作过，10.3%的人在

大商场周围工作过，27.6%的人四处流动，31.0%的人在其他场所工作过。

（四）投资与设备

零工/散工行业的前期投资很少，市场准入门槛很低，七成以上的投资额在 100 元及以下。其中投资在 100 元及以下的比例占 70.4%，投资为 101～500 元的比例为 7.4%，投资在 1000 元以上的比例为22.2%。

与前期投资很少相比，零工/散工的相对收入水平较高，上个月零工/散工的平均收入为 1840.7 元（标准差为 1338.6 元），月入最高为 6000 元，最少为 0 元（见表 10 - 15）。

表 10 - 15　前期投资

单位：人，%

额度	数量	占比	累积占比
100 元及以下	19	70.4	70.4
101～500 元	2	7.4	77.8
501～1000 元	0	0	77.8
1000 元以上	6	22.2	100.0
合　计	27	100.0	

从事零工/散工对专用设备或工具的要求也较低，17.2%的人表示不需要任何设备或工具，没有人表示需要三轮车，3.4%的人表示需要自行车，6.9%的人表示需要摩托车，10.3%的人表示需要修理工具，69.0%的人表示需要其他设备或工具。

（五）客户关系

所有被调查零工/散工均表示过去一周以来，自己跟服务对象之间没有发生过不愉快的事情，没有出现过不给钱、争吵、威胁、对骂、打架、官司等情况，但有 40.1%的零工/散工出现过其他事情。

（六）政府交往

自从从事目前这份工作以来，89.7%的人没有跟政府有关部门打过交道，只有 10.3%的人表示有跟政府部门打交道的经历。

二　雇员

（一）就业途径

中间人介绍是外出就业雇员最主要的就业途径，超过四成（40.5%）

的外出就业雇员通过中间人介绍获得工作，其次是 13.9% 的人通过雇主/管理者/小组长招人获得工作。其他就业途径依次为：通过就业广告（街上张贴/招聘）获得工作的比例为 11.3%，通过劳动部门组织的人才招聘获得工作的比例为 5.9%，通过互联网获得工作的比例为 4.8%，通过职高/技校组织的招聘获得工作的比例为 2.0%，还有 21.5% 的人通过其他途径获得工作（见表 10 – 16）。

表 10 – 16　就业途径

单位：人，%

途径	数量	占比
中间人介绍	143	40.5
雇主/管理者/小组长招人	49	13.9
就业广告(街上张贴/招聘)	40	11.3
劳动部门组织的人才招聘	21	5.9
互联网	17	4.8
职高/技校组织的招聘	7	2.0
其他	76	21.5
合　计	353	100.0

（二）就业时间

　　绝大部分外出就业雇员是在 2001 年至今找到工作的，1980 年及以前外出找工作的比例很低。调查结果表明，86.6% 的人是在 2001～2011 年找到工作，10.2% 的人是在 1991～2000 年找到工作，2.3% 的人是在 1981～1990 年找到工作，0.9% 的人是在 1980 年及以前找到工作（见表 10 – 17）。

表 10 – 17　就业时间

单位：人，%

时间	数量	占比	累积占比
1980 年及以前	3	0.9	0.9
1981～1990 年	8	2.3	3.1
1991～2000 年	36	10.2	13.4
2001～2011 年	305	86.6	100.0
合　计	352	100.0	—

（三）福利待遇

52.3%的人所在单位/企业不包吃，47.7%的人所在单位/企业包吃，其中包吃的人平均每月可以节省445元（标准差为357元），最高每月可以节省2000元；51.8%的人所在单位/企业不包住，48.2%的人所在单位/企业包住，其中包住的人平均每月可以节省375元（标准差为314元），最高每月可以节省2400元。

（四）中间人求职情况

近四成七的外出就业雇员求职过程中动用了介绍人，但半数以上的外出就业雇员求职过程中没有动用介绍人。调查结果表明，46.5%的人表示在寻找目前这份工作时用到了介绍人，53.5%的人表示没有用到中间人。在用到介绍人的样本中，半数以上的介绍人是工人，近四成四的人是主管或小组长。调查结果表明，56.7%的介绍人是工人，43.3%的人是主管或小组长以上。

（五）工作时间与收入水平

外出务工雇员平均每周工作时间比法定标准高，外出务工雇员过去一周平均工作了48.4小时（标准差为19.8小时），最长工作时间为112小时，按照一周7天计算，平均每天工作16小时。此外，上周工作时间在40小时以内的比例为14.9%，上周工作时间为40小时的比例为15.2%，上周工作时间在40小时以上的比例为69.9%。

过去一个月平均工作24.2天（标准差为6.6天），最长工作时间为31天，也即全月无休。此外，过去一个月工作时间在22天以内的比例为19.4%，工作时间为22天的比例为8.6%，工作时间在22天以上的比例为82.0%。

过去一年平均工作10.5个月（标准差为3.2个月），最长工作时间为12个月，也即全年无休。此外，工作时间在9个月以内的比例为15.2%，工作时间9~11个月的比例为16.6%，工作时间12个月的比例为68.2%。

绝大部分外出务工雇员的年收入为10001~30000元，平均年收入为23702.5元（标准差为18017.9元），年收入最高的为150000元。其中，年收入在5000元及以下的比例为10.8%，年收入在5001~10000元的比例为4.1%，年收入在10001~30000元的比例为65.0%，年收入在30001~50000元的比例为15.2%，年收入在50001元以上的比例为5.0%（见表10-18）。

表 10 - 18　收入水平

单位：人，%

年收入	数量	占比	累积占比
5000 元及以下	37	10.8	10.8
5001～10000 元	14	4.1	14.9
10001～30000 元	223	65.0	79.9
30001～50000 元	52	15.2	95.0
50000 元以上	17	5.0	100.0
合　计	343	100.0	—

（六）工作行业与单位性质

大部分外出务工雇员从事的都是非技术工种，从事非技术工作的比例为 62.8%，从事技术工种的比例只占 37.2%。

从事制造业的外出务工雇员比例最高，15.7% 的人在制造业工作，其次是交通运输、仓储和邮政业，占 10.8%。其他行业从业人员的比例依次为：公共管理和社会组织占 8.6%，房地产业占 7.1%，电力、燃气及水的生产和供应业占 7.1%，教育占 6.8%，住宿和餐饮业占 5.2%，信息传输、计算机服务和软件业占 4.6%，国际组织占 4.0%，批发和零售业占 3.7%，卫生、社会保障和社会福利业占 3.1%，建筑业占 2.8%，租赁和商务服务业占 2.8%，水利、环境和公共设施管理业占 2.2%，文化、体育和娱乐业占 1.8%，科学研究、技术服务和地质勘探业占 0.9%，农林牧渔业占 0.9%，采矿业占 0.6%，金融保险业占 0.6%，其他行业占 10.6%（见表 10 - 19）。

表 10 - 19　行业分布

单位：人，%

类别	数量	占比
制造业	51	15.7
交通运输、仓储和邮政业	35	10.8
公共管理和社会组织	28	8.6
房地产业	23	7.1
电力、燃气及水的生产和供应业	23	7.1
教育	22	6.8
住宿和餐饮业	17	5.2
信息传输、计算机服务和软件业	15	4.6

续表

类别	数量	占比
国际组织	13	4.0
批发和零售业	12	3.7
卫生、社会保障和社会福利业	10	3.1
建筑业	9	2.8
租赁和商务服务业	9	2.8
水利、环境和公共设施管理业	7	2.2
文化、体育和娱乐业	6	1.8
科学研究、技术服务和地质勘探业	3	0.9
农林牧渔业	3	0.9
采矿业	2	0.6
金融保险业	2	0.6
其他	35	10.6
合　计	325	100.0

　　绝大部分外出就业雇员供职于私/民营企事业单位，个体经营也占有相当比例。外出就业雇员的工作单位性质分布情况如下：私/民营企事业单位占66.4%，个体经营占10.0%，国有企业占6.8%，事业单位占5.4%，"三资"企业占4.3%，党政机关占4.0%，集体企业事业单位占2.3%，其他单位占0.9%（见表10－20）。

表 10－20　单位性质

单位：人，%

性质	数量	占比
私/民营企事业	233	66.4
个体经营	35	10.0
国有企业	24	6.8
事业单位	19	5.4
"三资"企业	15	4.3
党政机关	14	4.0
集体企业事业	8	2.3
其他单位	3	0.9
合　计	351	100.0

（七）换工情况

大部分外出务工雇员自最近出去工作以来没有换过工作，没有换工的比例为 71.5%，有过换工经历的比例为 29.5%。其中，换过 1 次工作的比例为 8.8%，换过 2 次工作的比例为 7.6%，换过 3 次工作的比例为 5.9%，换过 4 次及以上工作的比例为 6.3%。平均换工次数为 0.8 次（标准差为 1.6 次），最高换工次数为 10 次。

大部分外出务工雇员最近出去工作以来没有换过工作单位，没有换工作单位的比例为 73.1%，有过换工作单位经历的比例为 26.9%。其中，换过 1 次工作单位的比例为 9.6%，换过 2 次工作单位的比例为 7.1%，换过 3 次工作单位的比例为 4.8%，换过 4 次及以上工作单位的比例为 5.5%。平均换工作单位个数为 0.7 个（标准差为 1.5 个），最高换了 10 个工作单位。

（八）职业技能培训

六成以上（62.7%）的外出务工雇员没有接受过职业技能培训，只有不到 38%（37.3%）的人接受过职业技能培训。超过 77%（77.2%）的外出务工雇员没有获得过职业资格证书，只有不到 23%（22.8%）的人具有职业资格证书。在具有职业资格证书的外出务工雇员中，有 74.1% 的人拥有 1 个职业资格证书，有 11.1% 的人拥有 2 个职业资格证书，有 9.9% 的人拥有 3 个职业资格证书，有 4.9% 的人拥有 4 个及以上职业资格证书。平均每个人拥有职业资格证书 1.65 个（标准差为 1.68 个），拥有职业资格证书数量最多的为 10 个。

三　雇主/自雇

（一）创业时间

六成以上的外出务工雇员是在 2006 年以来开始做生意的，其中 2006~2011 年开始做生意的比例为 61.2%，22.4% 的人是在 2001~2005 年开始做生意的，16.4% 的人是在 2000 年及以前开始做生意的（见表 10-21）。

表 10-21　开业时间

单位：人，%

时间	数量	占比	累积占比
2000 年及以前	11	16.4	16.4
2001~2005 年	15	22.4	38.8
2006~2011 年	41	61.2	100.0
合　计	67	100.0	—

（二）行业分布

外出就业人员中雇主/自雇就业者从事房地产业的比例最高，超过六成的人从事房地产行业。其中，从事房地产业的比例为61.5%，从事住宿和餐饮业的比例为15.4%，交通运输、仓储和邮政业占7.7%，文化、休育和娱乐业占4.6%，建筑业占4.6%，制造业占3.1%，信息传输、计算机服务和软件业占3.1%（见表10-22）。

表10-22　行业分布

单位：人，%

行业类别	数量	占比
房地产业	40	61.5
住宿和餐饮业	10	15.4
交通运输、仓储和邮政业	5	7.7
文化、体育和娱乐业	3	4.6
建筑业	3	4.6
制造业	2	3.1
信息传输、计算机服务和软件业	2	3.1
合　计	65	100.0

（三）经营形式

个体经营是外出务工雇主/自雇就业者最常见的经营形式，62.7%的人在开业之初采用个体经营，其次是20.9%的人采用生意合伙人经营，14.9%的人采用店主/自雇经营，还有1.5%的人采用有限公司经营（见表10-23）。

表10-23　经营形式

单位：人，%

形式	数量	占比
个体	42	62.7
生意合伙人	14	20.9
店主/自雇	10	14.9
有限公司	1	1.5
合　计	67	100.0

（四）资产情况

外出务工就业雇主/自雇所经营的企业资产总额和上年经营收入均不高，超过六成六（66.7%）的企业资产总额在10万元以下，超过八成（81.3%）的企业上年经营净收入在10万元以内。绝大部分企业的资产负债较低，85.7%的企业资产负债在5万元及以下（见表10－24）。

表10－24　资产情况

单位：人，%

资产	个人资产总额		资产负债		上年经营净收入	
	数量	占比	数量	占比	数量	占比
5万元及以下	20	35.1	54	85.7	33	55.9
6万~10万元	18	31.6	4	6.3	15	25.4
11万~15万元	5	8.8	1	1.6	5	8.5
16万元及以上	14	24.6	4	6.3	6	10.2
合　计	57	100.0	63	100.0	59	100.0

（五）产权与法人结构

大部分雇主/自雇就业者的企业实行独资经营。其中独资经营的比例为70.8%，合股经营的比例为29.2%。在合股经营的企业中，平均有1.3位法人（企业）投资者，最多的企业有5位法人（企业）投资者，平均有自然人投资者2.7人，最多的企业有自然人投资者6人，雇主/自雇就业者在企业中所占有的股权比例平均为45.2%，最高比例为100.0%。

在合伙经营中，夫妻合伙经营的比例最高，45.2%的雇主/自雇就业者跟自己的妻子合伙经营，其次是25.8%的人跟自己的兄弟姐妹合伙经营，16.1%的人跟朋友合伙经营，分别有4.8%的人跟父母子女、亲戚合伙经营，此外还有11.3%的人跟其他人合伙经营。

（六）从业原因

就从事目前行业第一重要原因的分布来看，40.9%的人因为有类似经验，18.2%的人因为有亲朋提供资源，16.7%的人因为没有更好的工作，12.1%的人因为开业容易，6.1%的人因为有技术背景，1.5%的人因为失去了土地，还有4.5%的人出于其他原因选择从事目前的行业，没有人因为政府支持而从事目前的行业（见表10－25）。

表 10 - 25　从业原因

单位：人，%

原因类型	第一重要		第二重要		第三重要	
	数量	占比	数量	占比	数量	占比
有类似经验	27	40.9	10	20.4	0	0
有技术背景	4	6.1	7	14.3	4	14.8
亲朋提供资源	12	18.2	18	36.7	9	33.3
开业容易	8	12.1	7	14.3	5	18.5
没有更好的工作	11	16.7	4	8.2	5	18.5
政府支持	0	0	0	0	0	0
失去了土地	1	1.5	1	2.0	0	0
其他	3	4.5	2	4.1	4	14.8
合　计	66	100.0	49	100.0	27	100.0

就从事目前行业第二重要原因的分布来看，36.7%的人因为亲朋提供资源，20.4%的人因为有类似经验，分别有14.3%的人因为有技术背景或开业容易，8.2%的人因为没有更好的工作，2.0%的人因为失去了土地，还有4.1%的人出于其他原因而选择从事目前的行业，没有人因为政府扶持而从事目前的行业。

就从事目前行业第三重要原因的分布来看，33.3%的人因为亲朋提供资源，分别有18.5%的人因为开业容易或没有更好的工作，14.8%的人因为有技术背景，还有14.8%的人出于其他原因而选择从事目前的行业，没有人因为有类似经验、政府支持和失去了土地而从事目前的行业。

按照"第一重要赋3分，第二重要赋2分，第三重要赋1分"的赋分原则，分别计算第一、第二、第三重要原因中各选项的加权得分，然后进行加总，从而可以计算不同选项的得分排序情况。统计结果表明，因为有类似经验的得分为163.5分，因为有亲朋提供资源的得分为161.3分，因为没有更好的工作的得分为85.0分，因为开业容易的得分为83.4分，因为有技术背景的得分为61.7分，其他原因的得分为36.5分，因为失去土地的得分为8.5分，因为有政府扶持的得分为0分（见表10-26）。

可见，无一雇主/自雇就业者选择从事目前行业是因为有政府的扶持，大多数雇主/自雇就业者选择从事目前行业主要缘于自身早期曾经有过相关的工作经历并且积累了类似经验，其次是是因为有亲朋提供资源，这两项是大多数雇主/自雇就业者从事目前行业的最重要因素。此外，也有相当一部分的雇主/自雇就业者从事目前行业并非主动有意识选择的结果，而是客观上没有其他更好选择，因为找不到更好的工作只好选择从事目前的行业。当然，开业容易也是相当数量雇主/自雇就业者选择从事目前行业的重要原因，这说明雇主/自雇就业者所从事的行业的准入门槛较低，从业资质和要求不高。

表 10 - 26　从业原因汇总

单位：分

原因类型	第一重要		第二重要		第三重要	汇总得分
	得分	加权得分	得分	加权得分	得分	
有类似经验	40.9	122.7	20.4	40.8	0	163.5
亲朋提供资源	18.2	54.6	36.7	73.4	33.3	161.3
没有更好的工作	16.7	50.1	8.2	16.4	18.5	85.0
开业容易	12.1	36.3	14.3	28.6	18.5	83.4
有技术背景	6.1	18.3	14.3	28.6	14.8	61.7
其他	4.5	13.5	4.1	8.2	14.8	36.5
失去土地	1.5	4.5	2.0	4.0	0	8.5
政府支持	0	0	0	0	0	0

（七）注册资本与资金筹集渠道

大多数的雇主/自雇就业者的企业注册资金较低，近半数的雇主/自雇就业者的注册资本/投入资金大约在 5 万元以下，超过七成三的雇主/自雇就业者的注册资本/投入资金在 10 万元以下，注册资本/投入资金在 100 万元以上的比例在 4% 以下。其中，注册资本/投入资金在 5000 元及以下的比例为 9.4%，注册资本/投入资金在 5000 ~ 10000 元的比例为 10.9%，注册资本/投入资金在 1 万 ~5 万元的比例为 28.1%，注册资本/投入资金在 5 万 ~10 万元的比例为 25.0%，注册资本/投入资金在 10 万 ~ 50 万元的比例为 20.3%，注册资本/投入资金在 50 万 ~100 万元的比例为 3.1%，注册资本/投入资金在 100 万元以上的比例为 3.1%（见表 10 - 27）。

从雇主/自雇就业者筹集资金的第一重要渠道来看，79.7% 的人通过个人/家庭筹集资金，10.9% 的人通过本人亲属筹集资金，4.7% 的人通过亲密朋友筹集资金，分别有 1.6% 的人通过一般朋友、其他社会关系或银行贷款筹集资金，没有人通过配偶亲属、生意伙伴、风险投资和其他渠道筹集资金（见表 10 - 28）。

表 10 - 27　注册资本

单位：人，%

额度	数量	占比	累积占比
5000 元及以下	6	9.4	9.4
5000 ~ 10000 元	7	10.9	20.3
1 万 ~ 5 万元	18	28.1	48.4
5 万 ~ 10 万元	16	25.0	73.4
10 万 ~ 50 万元	13	20.3	93.8
50 万 ~ 100 万元	2	3.1	96.9
100 万元以上	2	3.1	100.0
合　计	64	100.0	

表 10 - 28　资金筹集渠道

单位：人，%

渠道	第一重要		第二重要		第三重要	
	数量	占比	数量	占比	数量	占比
个人/家庭	51	79.7	2	4.2	0	0
本人亲属	7	10.9	31	64.6	5	18.5
配偶亲属	0	0	3	6.3	10	37.0
亲密朋友	3	4.7	8	16.7	11	40.7
一般朋友	1	1.6	0	0	1	3.7
生意伙伴	0	0	0	0	0	0
其他社会关系	1	1.6	2	4.2	0	0
银行贷款	1	1.6	2	4.2	0	0
风险投资	0	0	0	0	0	0
其他	0	0	0	0	0	0
合　计	64	100.0	48	100.0	27	100.0

从雇主/自雇就业者筹集资金的第二重要渠道来看，64.6%的人通过本人亲属筹集资金，16.7%的人通过亲密朋友筹集资金，6.3%的人通过配偶亲属筹集资金，分别有4.2%的人通过个人/家庭、其他社会关系或银行贷款筹集资金，没有人通过一般朋友、生意伙伴、风险投资和其他渠道筹集资金。

从雇主/自雇就业者筹集资金的第三重要渠道来看，40.7%的人通过亲密朋友筹集资金，37.0%的人通过配偶亲属筹集资金，18.5%的人通过本人亲属筹集资金，没有人通过个人/家庭、生意伙伴、其他社会关系、银行贷款、风险投资和其他渠道筹集资金。

可见，通过个人/家庭融资是第一重要资金筹集渠道中最重要的途径，通过本人亲属融资是第二重要资金筹集渠道中最重要的途径，通过亲密朋友融资是第三重要资金筹集渠道中最重要的途径。

按照"第一重要赋3分，第二重要赋2分，第三重要赋1分"的赋分原则，分别计算第一、第二、第三重要原因中各选项的加权得分，然后进行加总，从而可以计算不同选项的得分排序情况。统计结果表明，通过个人/家庭融资的得分为247.5分，通过本人亲属融资的得分为180.4分，通过亲密朋友融资的得分为88.2分，通过配偶亲属融资的得分为49.6分，通过其他社会关系或银行贷款融资的得分均为13.2分，通过一般朋友融资的得分为8.5分，通过生意伙伴、风险投资和其他渠道融资的得分均为0分（见表10-29）。

表 10-29 资金筹集渠道汇总

单位：分

渠道	第一重要		第二重要		第三重要	汇总得分
	得分	加权得分	得分	加权得分	得分	
个人/家庭	79.7	239.1	4.2	8.4	0	247.5
本人亲属	10.9	32.7	64.6	129.2	18.5	180.4
亲密朋友	4.7	14.1	16.7	33.4	40.7	88.2
配偶亲属	0	0	6.3	12.6	37.0	49.6
其他社会关系	1.6	4.8	4.2	8.4	0	13.2
银行贷款	1.6	4.8	4.2	8.4	0	13.2
一般朋友	1.6	4.8	0	0	3.7	8.5
生意伙伴	0	0	0	0	0	0
风险投资	0	0	0	0	0	0
其他	0	0	0	0	0	0

可见，亲密关系网络是雇主/自雇就业者融资的最主要途径，亲密关系网络包括个人/家庭、本人亲属、亲密朋友和配偶亲属，其中又以个人/家庭融资的重要性最高；雇主/自雇就业者通过银行贷款融资的得分很低，这表明银行贷款对雇主/自雇就业的扶持程度很小；此外，没有雇主/自雇就业者可以通过生意伙伴和风险投资来筹集开业资金。

（八）工作时间

上周平均工作时间为 64.6 小时（标准差为 38.5 小时），上周最长工作时间为 140 小时，按照一周 7 天计算的话，平均每天工作 20 小时。此外，上周工作时间在 50 小时及以下的比例为 32.3%，上周工作时间在 51～70 小时的比例为 30.7%，上周工作时间在 70 小时以上的比例为 37.0%。

上月平均工作时间为 27.6 天（标准差为 6.7 天），上月最长工作时间为 31 天，这意味着整月都在工作。此外，上月工作时间在 22 天以内的比例为 9.0%，上月工作时间为 22 天的比例为 1.5%，上月工作时间在 22～29 天的比例为 16.6%，上月工作时间为 30 天及以上的比例为 72.7%。

上年平均工作时间为 11.3 个月（标准差为 2.2 个月），上年最长工作时间为 12 月，也即全年无休。此外，上一年工作时间在 11 个月及以下的比例为 13.4%，上一年工作时间为 12 个月的比例为 86.6%。

（九）政府交往

大多数雇主/自雇就业者因生意原因跟政府交往的频率不高，绝大多数雇主/自雇就业者因生意而与政府平均每月打交道的次数在 1 次及以下。其中，每月与政府打交道次数在 1 次及以下的比例为 75.8%，每月 2 次的比例为 18.2%，每月 3 次的比例为 3.0%，每月 4 次的比例为 1.5%，每月 5 次及以上的比例为 1.5%（见表 10－30）。

表 10－30　每月跟政府交往频率

单位：人，%

交往频率	数量	占比	累积占比
1 次及以下	50	75.8	75.8
2 次	12	18.2	93.9
3 次	2	3.0	97.0
4 次	1	1.5	98.5
5 次及以上	1	1.5	100.0
合　计	66	100.0	—

调查结果还表明，绝大多数雇主/自雇就业者上周没有在外兼职，95.5% 的雇主/自雇就业者表示上周没有兼职工作，只有 4.5% 的雇主/自雇就业者表示自己上周有多个工作。

（十）员工雇佣

大多数雇主/自雇就业者没有雇人为自己工作，其中 69.2% 的雇主/自雇就业者表示所在企业没有雇员，只有 30.8% 的雇主/自雇就业者表示所在企业有雇员。

在有雇员的企业中，平均雇佣了 10 个员工（标准差为 16.7 人），企业雇佣员工人数最多的为 70 人，雇佣员工人数最少的为 1 人；有亲属关系的雇员人数平均为 1.6 人（标准差为 2.4 人），企业雇佣有亲属关系员工人数最多的为 10 人；男性雇员平均为 4.3 人（标准差为 7.7 人），企业雇佣男性雇员人数最多的为 35 人；女性雇员平均为 6.4 人（标准差为 11.3 人），企业雇佣女性雇员人数最多的为 35 人。

雇主/自雇就业者雇佣员工多采用口头协议的方式，采用合同雇佣的比例很低。其中，采用口头协议方式雇佣的比例为 75.0%，采用文字合同方式雇佣的比例为 25.0%，无一雇主/自雇就业者采用其他方式雇佣员工。

（十一）雇员待遇

上月雇员平均工作时间为 25.1 天（标准差为 6.0 天），上月最长工作时间为 30 天，也即全月无休，上月最短工作时间为 3 天；上周雇员平均加班时间为 7.4 小时（标准差为 17.2 小时）；上月雇主/自雇就业者支付给雇员的最高工资平均为 2975 元（标准差为 1801.7 元），其中最高为每月 8000 元，最低为每月 600 元；上月雇主/自雇就业者支付给雇员最低工资平均为 1671.4 元（标准差为 1214.6 元），其中最高为 6000 元，最低为 500 元；上月雇主/自雇就业者支付给雇员的工资总额平均为 18035 元（标准差为 22931 元），其中最高需要支付 80000 元，最低需要支付 12000 元。

上一年，雇主/自雇就业者所从事生意中用工成本占总产值的平均比例为 37.1%（标准差为 16.4%），其中用工成本占总产值比例最高的为 70.0%，用工成本占总产值比例最低的为 10.0%。上一年，雇主/自雇就业者中所从事生意缴纳的税费占经营总额的比例平均为 12.5%（标准差为 10.1%），其中缴纳税费占经营总额比例最高的为 30.0%。

第十一章
非农劳动者的工作情况

非农劳动者是指被调查的 799 户家庭中，在本县/市工作的家庭成员，其中通过跨县/市流动到本地、户口为非本地县/市家庭的成员也包含在内。因此，非农劳动样本既包括具有本地户籍且从事非农工作的劳动者，也包含跨县/市流动到调查地居住和工作且从事非农工作的劳动者。

从非农劳动者上周工作的情况来看，大多数非农劳动人口上周有工作。其中，78.8% 的被访者（780 人）有工作，3.6% 的被访者（36 人）有工作但上周没有去工作，12.1% 的被访者（120 人）没有工作，4.9% 的被访者（49 人）已退休，0.5% 的被访者（5 人）因残疾或其他身体原因导致不能工作。依据不同劳动者的工作可将所有非农劳动者区分为有工作且在岗劳动者、有工作但不在岗者、无工作者三种类型，本章具体分析不同工作类型的劳动形态和工作情况。

第一节　有工作且在岗劳动者

从被访者的从业状态来看，12.5% 的被访者（114 人）只是零工/散工，珠三角地区零工/散工比例为 8.1%（54 人），非珠三角地区为 24.2%（60 人）；68.6% 的被访者（628 人）只是雇员，珠三角地区雇员比例为 76.0%（507 人），非珠三角地区为 48.8%（121 人）；17.8% 的被访者（163 人）只是雇主/自雇，珠三角地区雇主/自雇的比例为 14.8%（99 人），非珠三角地区为 25.8%（64 人）；1.1% 的被访者（10 人）既是雇员又是雇主/自雇，珠三角地区既是雇员又是雇主/自雇的比例为 1.0%（7 人），非珠三角地区为 1.2%（3 人）。

一　零工/散工群体

（一）工种类型

零工/散工的具体工种情况如下：21.4%（24 人）是做钟点工，60.7%（68 人）是零散性装修工，2.7%（3 人）是自有三轮车工人，0.9%（1人）是街头修鞋、擦鞋者，5.4%（6 人）是摩托车搭客者，还有 8.9%（10 人）是拾荒、捡废品人员。可见，零散性装修工所占比例最高，接近 61% 的零工/散工从事装修工作，这与近年来中国房地产行业的快速发展和中国城市基础设施扩大投资密切相关，越来越多的城乡居民拥有自有住房和越来越多的公共基础建设都需要大量装修工作人员。此外，零散性的装修工作也是进入门槛较低和技术含量不高的一个行业，一般劳动者都可以进入。

大多数人是与他人合伙做零工/散工，其中又以与非亲属朋友合伙做零工/散工的比例最高。自己一个人从事零工/散工的比例不到 38%。调查结果表明，37.4%（43 人）是自己一个人做零工/散工，与他人合伙做零工/散工的比例为 62.6%，其中 30.4%（35 人）是与其他人合伙，20.0%（23 人）是与亲戚、老乡合伙，9.6%（11 人）是与配偶一起做，1.7%（2 人）是与外地人合伙，0.9%（1 人）是与家人（如父母、兄弟姐妹、子女等）一起做。

（二）工作时间

七成以上（73.3%）的零工/散工无固定工作时间，主要依时间、需求和制度等因素变化而提供劳动。26.7% 的零工/散工有固定工作时间。一般来说，有固定工作时间的零工/散工起始时间如下：每天 7 点钟以前开始工作的占 37.2%（42 人），8 点开始工作的占 54.9%（62 人），9 点及以后开始工作的占 8.0%（9 人），最早的为每天凌晨 3 点开始工作，最晚的为每天晚上 9 点开始工作；一般每天下午 5 点前结束工作的占 29.7%（33 人），每天下午 6 点结束工作的占 49.5%（55 人），每天下午 6 点以后结束工作的占 20.7%（26 人），最早结束工作的是上午 9 点，最晚结束工作的是晚上 11 点。

零工/散工一般每天平均工作 7.7 个小时（标准差为 2.0 个小时），最长一天工作 12 个小时，最短一天工作 1 个小时，其中，每天工作在 7 个小时以下的占 23.2%（20 人），每天工作 8 个小时的占 51.6%（49 人），每天工作在 8 个小时以上的占 25.3%（24 人）；最长平均一天工作 10 个小时（标准差为 3.6 个小时），最多为 24 个小时，最少为 2 个小时，其中最长一天工作 8 个小时及以下的占 31.7%（35 人），最长一天工作 9 ~ 10 个小时的比例为 41.6%（42 人），最长一天工作在 10 个小时以上的占 26.7%（27 人）；最短平均一天工作 5.2 个小时（标准差为 3.3 个小时），其中 4 个小时及以下占 42.9%（42 人），5 ~ 8 个小时占 54.0%（53 人），8 个小时以上的占 3.1%（3 人）。

（三）休息时间

零工/散工一般每月平均休息 7.6 天（标准差为 6.6 天），最长一般每月休息 25 天，最少的一天也不休息，其中一个月一天也不休息的比例为 21.1%（23 人），每月休息 4 天及以下的比例为 16.5%（18 人），每月休息 4.5 ~ 8 天的比例为 19.3%（21 人），每月休息 9 ~ 10 天的比例为 22.0%（24 人），每天休息 10 天以上的比例为 21.1%（23 人）。上月平均休息了 9.2 天（标准差为 8.8 天），最多为整个月都在休息，最少为整个月都在工作，其中，一个月一天也不休息的比例为 18.3%（21 人），每月休息 4 天及以下的比例为 17.4%（20 人），每月休息 5 ~ 8 天的比例为 22.6%（26 人），每月休息 9 ~ 10 天的比例为 11.3%（13 人），每月休息 10 天以上的比例为 30.4%（35 人）。

（四）工作场所

一半以上的零工/散工没有固定工作场所。调查结果表明，23.3%（27 人）的零工/散工有固定工作场所，21.6%（25 人）有半固定工作场所（即有时固定，有时不固定），55.2%（64 人）没有固定工作场所。

从零工/散工曾经工作的场地来看，39.8% 的人（45 人）在居民小区内工作过，15.9% 的人（18 人）在居民小区门口工作过，8.0% 的人（9 人）在公园工作过，14.2% 的人（16 人）在闹市区工作过，8.8% 的人（10 人）在步行街工作过，18.6% 的人（21 人）在城市周边地带工作过，10.6% 的人（12 人）在城中村工作过，17.7% 的人（20 人）在大街上工作过，21.2% 的人（24 人）在大街小巷工作过，0.9% 的人（1 人）在人行天桥上工作过，10.5% 的人（12 人）在菜市场工作过，13.2% 的人（15 人）在大商场周围工作过，29.2% 的人（33 人）四处流动，36.0% 的人（41 人）在其他场地工作过。可见，居民小区内是零工/散工最常见的工作场所，有近四成的零散工有在居民小区内工作的经历。

（五）投入与回报

绝大部分零工/散工入行时一次性投资在 100 元以下。调查结果表明，72.7%（80 人）的零工/散工入行时需要一次性投入 100 元以下，11.8%（13 人）需要投入 101 ~ 500 元，3.6%（4 人）需要投入 501 ~ 1000 元，

11.8%（13 人）需要投入 1000 元以上。

此外，超过四成六的零工/散工从事目前工作不需要设备或工具。调查结果显示，46.1% 的零工/散工（53 人）所从事的工作不需要任何设备和工具，各有 0.9% 的零工/散工（1 人）需要购买三轮车或自行车，9.6%（11 人）的零工/散工需要购买摩托车，12.2% 的零工/散工（14 人）需要购买修理工具，30.4% 的零工/散工（35 人）需要购买其他设备或工具。

零工/散工上个月个人收入平均为 1370.4 元（标准差为 1016.6 元），最高为 6000 元，最少为没有收入。从总体来看，上月个人收入在 1000 元及以下的比例为 47.7%，珠三角地区为 40.4%，非珠三角地区为 54.4%；从总体来看，个人月收入在 1001～2000 元的比例为 35.8%，珠三角地区为 42.3%，非珠三角地区为 29.8%；从总体来看，个人月收入在 2000 元以上的比例为 16.5%，珠三角地区为 17.3%，非珠三角地区为 15.8%（见表 11 - 1）。

表 11 - 1　零工/散工月收入及地区差异

单位：人，%

收入水平	总体情况		珠三角地区		非珠三角地区	
	数量	占比	数量	占比	数量	占比
1000 元及以下	52	47.7	21	40.4	31	54.4
1001～2000 元	39	35.8	22	42.3	17	29.8
2000 元以上	18	16.5	9	17.3	9	15.8
合　计	109	100.0	52	100.0	57	100.0

（六）与顾客的关系

在过去一周，只有 2 个零工/散工跟服务对象（顾客）之间发生过不愉快的事情，其中一人遭遇的是顾客不给钱，另一人遭遇的是其他事件。

（七）与政府的关系

零工/散工基本上不跟政府打交道。调查结果显示，只有 2.6%（3 人）的零工/散工表示做这份工作以来与政府部门（如城管）打过交道，97.4%（112 人）的零工/散工表示没有跟政府打交道。其中，一人遭遇被公安部门勒令停业，损失了 240 元；一人遭遇公安部门管理人员责骂，还有一人是其他情形。

二 雇员群体

(一) 求职渠道

雇员在求职过程中，通过亲戚介绍推荐进入单位工作的比例最高，其次是个人直接申请获得职位。调查结果表明，各种进入单位工作的渠道比例依次为：亲戚介绍推荐占 24.2%，个人直接申请占 22.6%，同学好友等介绍推荐占 19.1%，国家分配/组织调动占 15.4%，其他关系人推荐介绍占 10.7%，单位内招占 8.5%，互联网占 4.0%，自雇/雇主占 3.8%，人才招聘会占 3.3%，职业介绍机构介绍占 2.2%，顶替父母占 1.3%，顶替亲属占 0.9%，投票选举占 0.7%，公开招考占 0.2%，其他占 6.6%（见表 11 – 2）。

此外，亲戚介绍推荐是最有利的求职渠道，其次是同学好友等介绍推荐。有利于劳动者进入单位工作的渠道依次为：亲戚介绍推荐占 22.0%，同学好友等介绍推荐占 16.6%，个人直接申请占 16.5%，国家分配/组织调动占 15.4%，其他关系人推荐介绍占 8.4%，单位内招占 6.0%，互联网占 2.9%，人才招聘会占 2.6%，顶替父母占 1.6%，职业介绍机构介绍占 1.4%，顶替亲属占 0.9%，自雇/雇主占 0.2%，其他占 5.4%。

表 11 – 2 求职渠道分布

单位：人，%

渠　　道	求职渠道		最有利的求职渠道	
	数量	占比	数量	占比
顶替父母	14	1.3	17	1.6
顶替亲属	10	0.9	9	0.9
单位内招	91	8.5	62	6.0
国家分配/组织调动	166	15.4	159	15.4
职业介绍机构介绍	24	2.2	15	1.4
亲戚介绍推荐	260	24.2	228	22.0
同学好友等介绍推荐	206	19.1	172	16.6
其他关系人推荐介绍	115	10.7	87	8.4
个人直接申请	243	22.6	171	16.5
互联网	43	4.0	30	2.9
人才招聘会	36	3.3	27	2.6
自雇/雇主	41	3.8	2	0.2
其他	69	6.6	56	5.4
投票选举	17	0.7	0	0
公开招考	3	0.2	0	0
合　　计	—	—	1035	100.0

（二）求职信息途径

调查结果表明，除了3.9%的劳动者进入目前单位没有收集就业信息外，通过亲朋好友收集信息的比例最高，占53.9%。其他各种渠道依次为：招工单位/公司/部门占15.9%，其他个人关系占14.3%，其他占11.3%，互联网占10.8%，就业广告（街上张贴）占9.1%，报纸、电视台等媒体占8.1%，政府劳动部门占7.6%，学校、街道等组织占5.2%，职业介绍机构占3.8%（见表11-3）。

表11-3 求职信息途径

单位:人，%

途 径	入职信息收集渠道		最有作用的入职信息收集渠道	
	数量	占比	数量	占比
报纸、电视台等媒体	84	8.1	26	2.6
就业广告(街上张贴)	94	9.1	53	5.2
职业介绍机构	39	3.8	15	1.5
招工单位/公司/部门	164	15.9	95	9.4
学校、街道等组织	54	5.2	39	3.8
政府劳动部门	79	7.6	67	6.6
亲朋好友	558	53.9	476	46.9
其他个人关系	148	14.3	73	7.2
互联网	112	10.8	87	8.6
其他	116	11.3	84	8.3
没有收集就业信息	63	3.9	0	0
合 计	—	—	1015	100.0

此外，亲朋好友是最有作用的就业信息收集渠道。46.9%的劳动者认为亲戚朋友在收集就业信息过程中最有作用，其他依次为：招工单位/公司/部门占9.4%，互联网占8.6%，其他占8.3%，其他个人关系占7.2%，政府劳动部门占6.6%，就业广告（街上张贴）占5.2%，学校、街道等组织占3.8%，报纸、电视台等媒体占2.6%，职业介绍机构占1.5%。

在找工作的过程中，40.9%的劳动者（420人）在求职过程中没有人主动提供求职信息和帮助，59.1%的劳动者（607人）在求职过程中有人主动提供求职信息和帮助。其中，24.5%的劳动者（252人）在求职过程中有1人主动提供求职信息和帮助，10.6%的劳动者（109人）在求职过程中有2

人主动提供求职信息和帮助，9.9%的劳动者（102人）在求职过程中有3人主动提供求职信息和帮助，14.1%的劳动者（144人）在求职过程中有4人及以上主动提供求职信息和帮助。

绝大多数劳动者在求职过程中没有经过笔试，半数以上的劳动者在求职过程中没有经历口试或面试。调查结果表明，在找工作的过程中，20.5%的劳动者所应聘的招工单位/雇主/自雇安排了笔试，没有安排的比例为79.5%；43.8%的劳动者所应聘的招工单位/雇主/自雇安排了口试或面试，没有安排的比例为56.2%。

在找工作的过程中，46.1%（475人）没有找人帮忙打听就业信息、沟通情况等之类的事情，53.9%（555人）在找工作的过程中曾出现找人帮忙打听就业信息、沟通情况等之类的事情。其中，26.8%的劳动者（276人）找了1人帮忙打听就业信息、沟通情况等，10.9%的劳动者（112人）找了2人帮忙打听就业信息、沟通情况等，7.6%的劳动者（78人）找了3人帮忙打听就业信息、沟通情况等，8.6%的劳动者（89人）找了4人及以上帮忙打听就业信息、沟通情况等。

（三）求职网络

在雇员的求职过程中，28.1%的劳动者表示没有人帮忙，因此也就没有提供施助人与自己的关系的情况。在提供了求助人与受助人关系情况的雇员中，亲属关系所占比例最高，33.7%的雇员表示求助人与自己的关系是亲属；其次是亲密朋友，32.7%的雇员表示求助人与自己的关系是亲密朋友；第三位是家人，24.6%的雇员表示求助人与自己是家人关系。此外，其他类型的求助人与受助人之间的关系情况依次为：一般朋友占12.0%，同学占7.4%，同乡占6.3%，同事占5.8%，邻里占5.6%，其他占2.6%，间接关系占1.6%，师生占0.8%，生意/项目伙伴占0.7%，组织分配占0.4%，上下级领导关系占0.4%，战友占0.3%，师徒占0.2%，企业机构占0.1%（见表11-4）。

表11-4 施助人与受助人的关系情况

单位：人，%

关系类型	数量	占比	关系类型	数量	占比
亲属	348	33.7	其他	27	2.6
亲密朋友	338	32.7	师生	8	0.8
家人	253	24.6	生意/项目伙伴	7	0.7
一般朋友	124	12.0	组织分配	7	0.4

续表

关系类型	数量	占比	关系类型	数量	占比
同学	76	7.4	上下级领导关系	7	0.4
同乡	65	6.3	战友	3	0.3
同事	60	5.8	师徒	2	0.2
邻里	58	5.6	企业机构	1	0.1
间接关系	17	1.6	没有人帮忙	290	28.1

就受助人对雇员求职帮助的情况来看，提供就业信息所占比例最高，64.3%的雇员表示求助人会给自己提供就业信息，其次是帮助推荐，所占比例为25.5%，再次是告知找工单位/雇主/自雇的情况，所占比例为18.4%，第四位是直接提供工作，所占比例为16.1%。其他各种帮助情况的比例依次为：其他帮助占16.1%，提出具体建议和指导申请占10.5%，安排与有关人员见面占10.2%，帮助向有关方面打招呼占9.4%，帮助解决求职中的具体问题占4.2%，帮助报名和递交申请占3.6%，陪同造访有关人员占2.9%，帮助整理申请材料占1.2%，亲自准备申请材料占1.1%（见表11-5）。

表11-5　施助人给予受助人的帮助情况

单位：人，%

帮助类型	数量	占比
提供就业信息	580	64.3
帮助推荐	230	25.5
告知招工单位/雇主/自雇的情况	166	18.4
直接提供工作	145	16.1
其他帮助	145	16.1
提出具体建议和指导申请	95	10.5
安排与有关人员见面	92	10.2
帮助向有关方面打招呼	85	9.4
帮助解决求职中的具体问题	38	4.2
帮助报名和递交申请	32	3.6
陪同造访有关人员	26	2.9
帮助整理申请材料	11	1.2
亲自准备申请材料	10	1.1

（四）收入水平

雇员税后年收入（含所有的工资、各种奖金、补贴）平均为29720.2元（标准差为31103.1元），最高为300000元。其中，税后年收入在10000元及以下的比例为8.7%，10001～20000元的比例为39.1%，20001～30000元的比例为29.0%，30001～40000元的比例为8.1%，40001～50000元的比例为5.7%，50001～80000元的比例为5.2%，80001～100000元的比例为1.6%，100000元以上的比例为2.7%（见表11-6）。可见，雇员的年收入并不高，近七成七（76.7%）的雇员年收入在30000元以下，近八成五（84.8%）的雇员年收入在40000元以下。

表11-6 税后年收入

单位：人，%

年收入水平	数量	占比	累积占比
10000元及以下	55	8.7	8.7
10001～20000元	247	39.1	47.8
20001～30000元	183	29.0	76.7
30001～40000元	51	8.1	84.8
40001～50000元	36	5.7	90.5
50001～80000元	33	5.2	95.7
80001～100000元	10	1.6	97.3
100000元以上	17	2.7	100.0
合计	632	100.0	

调查结果表明，有8.3%（53人）的雇员是为自己的家庭/家族的企业或公司工作，其余91.7%（585）的雇员是为别人的企业/公司工作。此外，八成单位/企业不包吃，九成单位/企业不包住。调查结果表明，19.8%（126人）的单位/企业包吃，不包吃的单位/企业占80.2%（511人），其中包吃每月能够为雇员平均节省365.8元（标准差为263.8元）；9.8%（62人）的单位/企业包住，不包住的单位/企业占90.2%，其中包住每月能够为雇员平均节省615.6元（标准差为1199.3元）。

月薪制是绝大部分雇员工资最常见的计算方式。调查结果显示，77.3%的雇员是采用月薪制来计算工资，其次是8.5%采用计件工资制，再次是5.5%采用按天计算工资，其他依次是3.1%采用提成或底薪加提成计算工资，3.0%采用计时工资，1.4%采用其他工资计算方式，0.9%采用年薪制计算工资，0.3%实行有时计件、有时计时工资制（见表11-7）。

表 11 – 7　工资制度

单位：人，%

方　式	数量	占比
计件	54	8.5
计时	19	3.0
按天计算	35	5.5
有时计件、有时计时	2	0.3
月薪制	493	77.3
提成或底薪加提成	20	3.1
其他	9	1.4
年薪制	6	0.9
合　计	638	100.0

调查还表明，只有极少数雇员有兼职工作，并且兼职工作的平均收入水平也不高。3.1%（20 人）在上个月有多份工作，96.9%（619 人）没有多份工作。其中，有多个工作的雇员平均兼职收入为 752.6 元（标准差为 836.9 元），最高为 2500 元。

（五）劳动合同

半数以上的雇员没有签订书面劳动合同，九成八是与工作所在单位签订劳动合同。未签书面劳动合同的比例为 52.0%（332 人），48.0% 的雇员（306 人）有签订书面劳动合同，其中 98.0% 的雇员是与工作所在的公司（单位）签订书面劳动合同，只有 2.0% 的雇员是与中介公司签订书面劳动合同，签订固定时段或短期时段劳动的比例为 83.9%（255 人），签订永久劳动合同的比例为 16.1%（49 人）。

自 2008 年以来，雇员签订劳动合同的比例明显增加，本次劳动合同在 2008 年及以后签订的比例共占 87.7%。其中，2000 年及以前签订的比例占 4.8%，2001 ~ 2007 年签订的比例为 7.5%，2008 ~ 2010 年签订的比例为 51.4%，2011 年签订的比例为 36.3%。

调查结果还表明，近半数劳动合同是首次签订，平均劳动年限为 2.42 年，一半以上的劳动年限在 2 年及以下。其中，第一次跟现单位/企业签订合同的比例为 48.2%，第二次跟现单位/企业签订合同的比例为 30.5%，第四次跟现单位/企业签订合同的比例为 8.0%，第五次跟现单位/企业签订合同的比例为 6.2%，第六次跟现单位/企业签订合同的比例为 1.8%，第八次跟现单位/企业签订合同的比例为 2.7%，第十次跟现单位/企业签订合同的比例为 2.2%，第十三次跟现单位/企业签订合同的比例为 0.4%。此外，本次与现单位/企业签订的劳动年限平均为 2.42 年（标准差为 1.62 年），最长为 10 年，最短为半年。其中，劳动年限在 2 年及以下的比例为 52.8%，3～4 年的比例为 36.6%，5 年及以上的比例为 10.6%。

（六）劳动保障

近四成四（43.5%）的雇员表示所在单位没有城镇职工社会医疗保险、单位养老保险、单位公费医疗、住房公积金、失业保险、补充医疗保险、住房补贴、职工补充养老保险、企业年金和购房补贴。在享受各种福利保险的雇员中，拥有城镇职工社会医疗保险的比例最高，39.5% 的雇员所在单位提供城镇职工社会医疗保险，其他依次为：单位养老保险占 29.2%，单位公费医疗占 27.6%，住房公积金占 23.9%，失业保险占 19.8%，补充医疗保险占 9.3%，住房补贴占 8.4%，职工补充养老保险占 7.6%，企业年金占 6.8%，购房补贴占 2.4%（见表 11-8）。

表 11-8　劳动保障

单位：人，%

类型	数量	占比	样本量
城镇职工社会医疗保险	249	39.5	631
单位养老保险	184	29.2	631
单位公费医疗	174	27.6	631
住房公积金	151	23.9	631
失业保险	125	19.8	631
补充医疗保险	59	9.3	631
住房补贴	53	8.4	631
职工补充养老保险	48	7.6	631
企业年金	43	6.8	631
购房补贴	15	2.4	631
以上类型都没有	275	43.5	631

（七）工作时间

雇员上周平均工作 47 个小时（标准差为 16.7 个小时），比每周 40 个小时的标准工作时间多出 7 个小时，一周工作最长时间为 105 个小时（按照一周工作 7 天计算的话，平均每天工作 15 个小时）。其中，每周工作 20 个小时及以下的比例为 7.3%，每周工作 12～39 个小时的比例为 7.6%，每周工作 40 个小时的比例为 28.7%，每周工作时间为 41～50 个小时的比例为 21.4%，每周工作时间为 51～60 个小时的比例为 20.3%，每周工作 60 个小时以上的比例为 14.3%。

雇员上个月平均工作 22.7 天（标准差为 7.2 天），最多每月工作 31 天，这意味着该雇员上月全勤无休。上周工作 7 天及以内的比例为 10.6%，工作时间 8～14 天的比例为 1.4%，工作时间 15～21 天的比例为 15.4%，工作时间 22 天的比例为 17.9%，工作时间 23～28 天的比例为 34.1%，工作时间 29 天的比例为 3.6%，工作时间 30 天的比例为 14.3%，工作时间 31 天的比例为 2.7%。

雇员上一年平均工作 11.1 个月（标准差为 2.3 个月），最长一年工作 12 个月。上一年工作时间在 6 个月及以内的比例为 6.5%，工作时间 7～10 个月的比例为 9.4%，工作时间 11 个月的比例为 2.7%，工作时间 12 个月的比例为 81.4%。

在 634 位雇员样本中，有 469 人（74.0%）在过去 12 个月内因疾病、健康问题或医学检查而缺勤，其中因疾病、健康问题或医学检查而缺勤 1～7 天的比例为 15.4%，缺勤 8～15 天的比例为 5.1%，缺勤 16～30 天的比例为 2.3%，缺勤 30 天以上的比例为 3.2%。此外，雇员在过去 12 个月内因疾病、健康问题或医学检查而缺勤的天数平均为 4.9 天（标准差为 21.8 天），因疾病、健康问题或医学检查而缺勤最长为 324 天，按照一年 365 天计算的话，全年工作时间只剩下 41 天。

（八）加班时间与加班工资

加班现象在一定范围内存在，加班的主要目的是增加工资收入。调查结果表明，超过三成五（35.4%）的雇员在上个月有加班行为，没有加过班的比例为 64.6%。其中，5.8% 是用加班时间弥补请假时间，57.8% 是想领取加班工资，0.9% 是为了领取加班工资且弥补请假时间，28.7% 加班没有任何补偿，6.7% 加班是有其他原因。

调查结果表明，雇员上个月平均加班时间为 28.6 个小时（标准差为 28.7 个小时），上月加班时间最长为 210 个小时；其中，加班时间在 10 小时以内的比例为 32.3%，11～20 个小时占 23.6%，21～30 个小时占 13.6%，31～50 个小时占 11.8%，51～80 个小时占 12.3%，80 个小时以上占 6.4%。上个月有酬加班时间平均为 18.7 个小时（标准差为 24.6 个小时），上月有酬加班时间最长为 112 个小时，其中，加班时间在 10 个小时以内的比例为 54.6%，11～20 个小时占 14.4%，21～30 个小时占 8.8%，31～50 个小时占 9.7%，51～80 个小时占 8.3%，80 个小时以上占 4.2%（见表 11－9）。

表 11－9　加班时间

单位：人，%

选项	加班时间		有酬加班时间	
	数量	占比	数量	占比
10 个小时以内	71	32.3	118	54.6
11～20 个小时	52	23.6	31	14.4
21～30 个小时	30	13.6	19	8.8
31～50 个小时	26	11.8	21	9.7
51～80 个小时	27	12.3	18	8.3
80 个小时以上	14	6.4	9	4.2
合　计	220	100.0	216	100.0

雇员上月加班工资平均为 212.4 元（标准差为 359.8 元），上月加班工资最高为 2800 元。其中 100 元及以下占 54.2%，101～200 元占 12.9%，201～300 元占 11.9%，301～500 元占 10.4%，501～800 元占 5.5%，800 元以上占 5.0%（见表 11－10）。可见，近八成雇员上个月加班工资在 300 元以下，半数以上的雇员上月加班工资在 100 元以内。

表 11－10　加班工资

单位：人，%

选项	数量	占比	累积占比
100 元及以下	109	54.2	54.2
101～200 元	26	12.9	67.2
201～300 元	24	11.9	79.1
301～500 元	21	10.4	89.6
501～800 元	11	5.5	95.0
800 元以上	10	5.0	100.0
合　计	201	100.0	—

（九）工作场所与劳动强度

绝大部分雇员在室内工作，其中工作场所在室内的比例为 73.5%，在

户外工作的比例为 13.7%，工作场所兼具室内室外的比例为 12.9%。此外，
12.6% 的劳动者在工作过程中会经常经历繁重的体力劳动，15.7% 的劳动者
有时会承受繁重的体力劳动，27.6% 的劳动者很少承受繁重的体力劳动，
44.1% 的劳动者从不承受繁重的体力劳动；28.6% 的劳动者在工作过程中会
经常快速而频繁地移动身体的位置，19.7% 的劳动者有时会快速而频繁地移
动身体的位置，23.4% 的劳动者很少快速而频繁地移动身体的位置，28.3%
的劳动者从不快速而频繁地移动身体的位置；34.7% 的劳动者在工作过程中
会经常快速反应地思考或进行脑力劳动，24.6% 的有时会快速反应地思考或
进行脑力劳动，25.3% 的很少快速反应地思考或进行脑力劳动，15.4% 的从
不快速反应地思考或进行脑力劳动（见表 11 – 11）。

表 11 – 11　工作强度情况

单位：人，%

强度	经常		有时		很少		从不	
	数量	占比	数量	占比	数量	占比	数量	占比
繁重的体力劳动	80	12.6	100	15.7	176	27.6	281	44.1
快速而频繁地移动身体的位置	182	28.6	125	19.7	149	23.4	180	28.3
快速反应地思考或进行脑力劳动	221	34.7	157	24.6	161	25.3	98	15.4

（十）下属情况

只有不到一成八的雇员有直接下属，近七成二的雇员下属人数在 10 人
以下。调查结果表明，17.6% 的雇员（112 人）有直接的下属，没有直接下
属的比例为 82.4%（526 人）。在有直接下属的雇员样本中，39.6% 的雇员
（44 人）有直接下属，没有直接下属的比例为 60.4%（67 人）。在有直接下
属的雇员中，平均每个雇员有直接下属 17 人（标准差为 38 人），最多的一
个雇员有直接下属 300 人。此外，直接下属在 10 人及以下的比例为 71.6%，
直接下属 11 ~ 20 人的比例为 11.0%，直接下属 21 ~ 50 人的比例为 11.9%，
直接下属在 50 人以上的比例为 5.5%。

（十一）工会参与

32.6% 的雇员（195 人）所在单位/企业现在有工会，其中，62.0% 的
雇员（124 人）上一年参加过单位/企业组织的工会活动，没有参加过工会
活动的比例为 38.0%（76 人）；65.7% 的雇员（130 人）表示单位/企业的
工会对自己有帮助，34.3% 的雇员（68 人）表示单位/企业对自己没有帮

助。此外，没有工会的比例占 67.4%（403 人）。

可见，大部分单位/企业没有工会，近六成八的雇员所在单位/企业没有工会，但是在有工会的单位/企业中，员工参与工会活动的积极性较高，有六成二的雇员参加了所在单位/企业的工会活动，大多数雇员认为所在单位/企业的工会对自己有帮助，近六成六的雇员认为所在单位/企业工会对自己有帮助。

（十二）权益侵害与维护

劳动权益是劳动保护的重要内容，也是体现社会文明与和谐劳动关系的重要指标。在完善和成熟的市场社会里面，劳动关系并非永远和谐与不存在冲突、争议的现象，而是当劳动者的合法劳动权益受到侵害时，能够得到政府的有效保护和法律的及时支持，在各方因素和力量的谈判和博弈过程中，政府能够公正有效地解决劳动冲突和劳资紧张，最大限度地保护弱势劳动者的合法权益。

调查结果表明，绝大多数雇员在过去两年里遭遇过不同程度的劳动报酬不合理、拖欠工资、作业环境恶劣、赶时加班和工伤等权益侵害现象，其中有 21.8% 的雇员遭遇过劳动报酬不合理，16.6% 遭遇过赶时加班，8.1% 遭遇过作业环境恶劣，5.1% 遭遇过拖欠工资，3.8% 遭遇过工伤（见表 11 - 12）。可见，不合理的劳动报酬和超时劳动是雇员遭遇频率最高的权益侵害行为。一方面劳动者需要赶时加班，承受繁重的劳动任务和劳动负担，另一方面劳动者需要接受不合理的劳动报酬和低工资水平，两者共同构成了对雇员最常见的权益侵害方式。

表 11 - 12 权益侵害及维护情况

单位：人，%

选项	劳动报酬不合理		拖欠工资		作业环境恶劣		赶时加班		工伤	
	数量	占比	数量	占比	数量	占比	数量	占比	数量	占比
有遭遇	138	21.8	32	5.1	51	8.1	105	16.6	24	3.8
没有遭遇	496	78.2	600	94.9	582	91.9	528	83.4	609	96.2
合计	634	100.0	632	100.0	633	100.0	633	100.0	633	100.0
有采取行动	48	34.5	14	41.2	12	23.5	13	12.3	12	46.2
没有采取行动	91	65.5	20	58.8	39	76.5	93	87.7	14	53.8
合计	139	100.0	34	100.0	51	100.0	106	100.0	26	100.0
不知道可以采取行动	5	5.7	0	0	1	2.8	3	3.5	0	0
不知道找谁	3	3.4	2	11.8	2	5.6	1	1.2	0	0

选项	劳动报酬不合理		拖欠工资		作业环境恶劣		赶时加班		工伤	
	数量	占比	数量	占比	数量	占比	数量	占比	数量	占比
怕被报复	3	3.4	0	0	1	2.8	3	3.5	0	0
反正也没有用	61	70.1	7	41.2	23	63.9	37	43.5	3	27.3
问题不严重	10	11.5	8	47.1	5	13.9	21	24.7	5	45.5
其他	5	5.7	0	0	4	11.1	20	23.5	3	27.3
合　计	87	100.0	17	100.0	36	100.0	85	100.0	11	100.0
解决中	25	41.0	9	50.0	5	31.3	11	44.0	11	73.3
未解决	32	52.5	9	50.0	9	56.3	13	52.0	4	26.7
等待中	4	6.6	0	0	2	12.5	1	4.0	0	0
合　计	61	100.0	18	100.0	16	100.0	25	100.0	15	100.0
集体与本单位协商解决	8	15.7	3	17.6	2	15.4	2	9.5	2	13.3
个人与本单位协商解决	27	52.9	9	52.9	9	69.2	12	57.1	11	73.3
找工会解决	0	0	0	0	0	0	0	0	0	0
找法院解决	0	0	0	0	1	7.7	1	4.8	1	6.7
找媒体曝光	0	0	0	0	0	0	0	0	0	0
组织集体抗争	1	2.0	3	17.6	0	0	1	4.8	0	0
加入别人组织的集体抗争	0	0	0	0	0	0	0	0	0	0
个体抗争	0	0	0	0	0	0	0	0	1	6.7
辞职	11	21.6	2	11.8	1	7.7	3	14.3	0	0
劳动争议调解委员会	1	2.0	0	0	0	0	0	0	0	0
劳动争议仲裁委员会	0	0	0	0	0	0	0	0	0	0
其他组织或社会团体	3	5.9	0	0	0	0	2	9.5	0	0
合　计	51	100.0	17	100.0	13	100.0	21	100.0	15	100.0
工会有提供帮助	6	5.6	2	8.0	2	5.3	4	5.9	2	9.5
工会没有提供帮助	102	94.4	23	92.0	36	94.7	64	94.1	19	90.5
合　计	108	100.0	25	100.0	38	100.0	68	100.0	21	100.0

　　当自身的合法劳动权益受到侵害时，半数以上的雇员没有采取行动。调查结果表明，34.5%的雇员会采取行动应对劳动报酬不合理，41.2%

的劳动者会采取行动解决拖欠工资问题，23.5%的雇员会采取行动应付作业环境恶劣问题，12.3%的雇员会处理赶时加班问题，46.2%的劳动者会采取行动解决工伤问题。可见，对于显性的权益侵害，比如工资拖欠和工伤，劳动者采取行动的比例相对较高，分别有41.2%和46.2%的雇员会采取行动解决拖欠工资和工伤问题；对于比较隐性的劳动报酬不合理、作业环境恶劣和赶时加班问题，雇员采取行动予以解决的比例相对低一些。

投诉没有用和问题不严重是大多数雇员不采取行动维权的重要原因。调查结果表明，在遭遇劳动报酬不合理没有采取行动的最主要原因中，70.1%的雇员认为反正也没有用，其次是11.5%的人认为问题不严重；在遭遇拖欠工资没有采取行动的最重要原因中，47.1%认为问题不严重，41.2%认为反正也没有用；遭遇作业环境恶劣没有采取行动的最重要原因中，63.9%认为反正也没有用，13.9%认为问题不严重；在遭遇赶时加班没有采取行动的最重要原因中，43.5%认为反正也没有用，24.7%认为问题不严重；在遭遇工伤没有采取行动的最重要原因中，45.5%认为问题不严重，27.3%认为反正也没有用。

在遭遇的各类权益受侵害问题中，工伤问题得到有效解决的比例最高，而作业环境恶劣问题得到解决的比例最低。其中，劳动报酬不合理问题解决了的比例为41.0%，拖欠工资问题解决了的比例为50.0%，作业环境恶劣问题解决了的比例为31.3%，赶时加班问题解决了的比例为44.0%，工伤问题解决了的比例占73.3%。

从解决各种权益侵害问题最主要的渠道来看，通过个人与本单位协商解决所占比例最高。通过个人与本单位协商解决劳动报酬不合理的比例为52.9%，解决拖欠工资的比例为52.9%，解决作业环境恶劣的比例为69.2%，解决赶时加班的比例为57.1%，解决工伤问题的比例为73.3%。调查结果还表明，没有一例是通过劳动争议仲裁委员会得到解决的，这意味着雇员与所在单位/企业发生冲突或纠纷时，更多地倾向于通过非正式的私下接触方式来解决问题，没有人选择利用正式的制度化的劳动争议仲裁委员会来解决问题。

工会在帮助雇员解决各种权益侵害纠纷中基本上没有发挥正面支持作用。调查结果表明，94.4%的雇员认为工会在解决劳动报酬不合理过程中没有提供帮助，92.0%的雇员认为工会在解决拖欠工资问题中没有提供帮助，

94.7%的雇员认为工会在解决作业环境恶劣问题中没有提供帮助，94.1%的雇员认为工会没有在解决赶时加班问题中提供帮助，90.5%的雇员认为工会在解决工伤问题过程中没有提供帮助。

（十三）维权手段

调查结果还表明，在遭遇各种权益侵害问题时，三成以上的雇员表示不会采取抗议行动，其中41.5%的雇员表示不会因劳动报酬不合理而采取行动抗议，32.1%的雇员表示不会因拖欠工资而采取行动抗议，43.6%的雇员表示不会因作业环境恶劣而采取行动进行抗议，49.9%的雇员表示不会因为赶时加班而采取行动抗议，30.4%的雇员表示不会因工伤而采取行动进行抗议（见表11-13）。可见，雇员对赶时加班的容忍度最高，近半数的雇员不会因为赶时加班采取行动进行抗争，但对工伤的容忍度最低，有近七成的雇员表示一旦遭遇工伤问题就会采取行动抗争和维权。

表 11 - 13　维权手段

单位：人，%

选项	劳动报酬不合理		拖欠工资		作业环境恶劣		赶时加班		工伤	
	数量	占比	数量	占比	数量	占比	数量	占比	数量	占比
会采取行动	367	58.5	425	67.9	352	56.4	312	50.1	433	69.6
不会采取行动	260	41.5	201	32.1	272	43.6	311	49.9	189	30.4
合计	627	100.0	626	100.0	624	100.0	623	100.0	622	100.0
不知道可以采取行动	4	1.6	3	1.5	3	1.1	3	1.0	2	1.1
不知道找谁	17	6.7	13	6.6	10	3.8	10	3.3	12	6.6
怕被报复	7	2.7	6	3.0	6	2.3	6	2.0	8	4.4
反正也没有用	145	56.9	98	49.7	128	48.5	122	40.5	83	45.6
问题不严重	52	20.4	51	25.9	88	33.3	110	36.5	45	24.7
其他	30	11.8	26	13.2	29	11.0	50	16.6	32	17.6
合计	255	100.0	197	100.0	264	100.0	301	100.0	182	100.0
集体与本单位协商解决	71	18.9	75	17.4	72	19.7	58	17.5	56	12.8
个人与本单位协商解决	220	58.5	237	55.1	191	52.2	190	57.4	282	64.5
找工会解决	13	3.5	12	2.8	11	3.0	14	4.2	11	2.5

续表

选项	劳动报酬不合理		拖欠工资		作业环境恶劣		赶时加班		工伤	
	数量	占比	数量	占比	数量	占比	数量	占比	数量	占比
找法院解决	11	2.9	25	5.8	7	1.9	9	2.7	41	9.4
找媒体曝光	4	1.1	6	1.4	5	1.4	3	0.9	2	0.5
组织集体抗争	2	0.5	6	1.4	3	0.8	2	0.6	2	0.5
加入别人组织的集体抗争	0	0	0	0	0	0	0	0	0	0
个体抗争	4	1.1	4	0.9	3	0.8	7	2.1	4	0.9
辞职	25	6.6	16	3.7	55	15.0	23	6.9	10	2.3
劳动争议调解委员会	15	4.0	30	7.0	16	4.4	13	3.9	20	4.6
劳动争议仲裁委员会	10	2.7	18	4.2	3	0.8	11	3.3	7	1.6
其他组织或社会团体	1	0.3	1	0.2	0	0	1	0.3	2	0.5
合　计	376	100.0	430	100.0	366	100.0	331	100.0	437	100.0

当问到在遭遇权益受侵害时为何不进行维权时，四成以上的雇员表示因反正没有用而不采取行动抗争。其中，56.9的雇员认为没有用而不采取行动针对劳动报酬不合理问题，49.7%的雇员认为没有用而不采取行动来应对拖欠工资，48.5%的雇员认为没有用而不采取行动来解决作业环境恶劣问题，40.5%的雇员认为没有用而不采取行动解决赶时加班问题，45.6%的雇员认为没有用而不采取行动来解决工伤问题。

在愿意采取行动进行维权行动的雇员中，半数以上的人会选择个人与单位协商解决问题。其中，58.5%的雇员选择个人与本单位协商解决劳动报酬不合理问题，55.1%的雇员选择个人与本单位协商解决拖欠工资问题，52.2%的雇员选择个人与本单位协商解决作业环境恶劣问题，57.4%的雇员选择个人与本单位协商解决赶时加班问题，64.5%的雇员选择个人与本单位协商解决工伤问题。其次是有12%以上的雇员选择通过集体与本单位协商解决各类权益保护问题，其中18.9%的雇员选择集体与本单位协商解决劳动报酬不合理问题，17.4%的雇员选择集体与本单位协商解决拖欠工资问题，19.7%的雇员选择集体与本单位协商解决作业环境恶劣问题，17.5%的雇员选择集体与本单位协商解决赶时加班问题，12.8%的雇员选择集体与本单位协商解决工伤问题。

（十四）女性雇员权益

女性雇员因其身体特征和性别特征而需要在劳动过程和职业生涯方面予以特殊照顾，这不仅是社会文明进步的标志，也是单位福利和社会保障的基本内容。调查结果显示，52岁以下的女性雇员中有22.5%（63人）在现单位工作期间有生育经历，在现单位没有生育经历的52岁以下女性雇员占77.5%（217人）。

52岁以下在现单位有生育经历的女性平均产假为3.1个月（标准差为2.1个月），其中近三成六的在现单位有过生育经历的女性产假时间为3个月，产假最长的为9个月，产假天数最少的为0天。此外，产假时间在3个月以内的比例占32.3%，3个月的比例为35.5%，4~6个月的比例为27.5%，6个月以上的比例为4.8%。

（十五）交往对象评价

调查结果表明，经常跟顾客/服务对象打交道的比例为42.2%，有时打交道的比例为17.8%，很少打交道的比例为17.3%，从不打交道的比例为22.6%。经常跟客户/供应商打交道的比例为22.2%，有时打交道的比例为19.6%，很少打交道的比例为22.5%，从不打交道的比例为35.7%。经常跟各种来客打交道的比例为24.5%，有时打交道的比例为24.0%，很少打交道的比例为24.8%，从不打交道的比例为26.7%。经常跟上级领导打交道的比例为28.7%，有时打交道的比例为33.2%，很少打交道的比例为24.8%，从不打交道的比例为13.3%。经常跟下级同事打交道的比例为53.9%，有时打交道的比例为20.2%，很少打交道的比例为14.9%，从不打交道的比例为11.0%。经常跟平级同事打交道的比例为79.0%，有时打交道的比例为14.9%，很少打交道的比例为5.1%，从不打交道的比例为1.0%。经常跟上级部门/单位打交道的比例为20.6%，有时打交道的比例为36.2%，很少打交道的比例为29.5%，从不打交道的比例为13.6%；经常跟下级部门/单位打交道的比例为22.7%，有时打交道的比例为30.4%，很少打交道的比例为25.1%，从不打交道的比例为21.8%。经常跟其他单位打交道的比例为9.8%，有时打交道的比例为33.3%，很少打交道的比例为32.8%，从不打交道的比例为24.1%（见表11-14）。

表 11 - 14　交往对象评价

单位：人，%

交往对象	经常		有时		很少		从不	
	数量	占比	数量	占比	数量	占比	数量	占比
顾客/服务对象	239	42.2	101	17.8	98	17.3	128	22.6
客户/供应商	113	22.2	100	19.6	115	22.5	182	35.7
各种来客	141	24.5	138	24.0	143	24.8	154	26.7
上级领导	172	28.7	199	33.2	149	24.8	80	13.3
下级同事	152	53.9	57	20.2	42	14.9	31	11.0
平级同事	482	79.0	91	14.9	31	5.1	6	1.0
上级部门/单位	118	20.6	207	36.2	169	29.5	78	13.6
下级部门/单位	82	22.7	110	30.4	91	25.1	79	21.8
其他单位	51	9.8	174	33.3	171	32.8	126	24.1

三　雇主/自雇群体

(一) 创业经历

1. 创业时间与经营形式

绝大部分雇主/自雇就业者是在 2000 年以后开业或做生意的。2000 年以后开业/做生意的比例为 61.4%，此外，1990 年以前开业/做生意的比例为 15.3%，1991～2000 年开业/做生意的比例为 23.3%（见表 11 - 15）。

表 11 - 15　雇主/自雇开业时间

单位：人，%

时　间	数量	占比	累积占比
1990 年以前	27	15.3	15.3
1991～2000 年	41	23.3	38.6
2000 年以后	108	61.4	100.0
合　计	176	100.0	—

从经营形式来看，72.0% 是个体经营，20.0% 是雇主/自雇经营，5.7% 是与合伙人共同经营，1.7% 是有限责任公司，还有 0.6% 是其他经营方式。

可见，个体经营是绝大多数雇主/自雇从业者首选的经营方式，其次是雇主/自雇经营也占有一定比例。

2. 注册资本

近半数的雇主/自雇企业注册资本/投入资金情况在 1 万元以下，近七成六的雇主/自雇就业注册资本/投入资金在 5 万元以下。调查结果表明，注册资本/投入资金在 5000 元以下的比例为 31.45%，注册资本/投入资金在 5000~1 万元的比例为 17.15%，注册资本/投入资金在 1 万~5 万元的比例为 26.9%，注册资本/投入资金在 5 万~10 万元的比例为 10.9%，注册资本/投入资金 10 万~50 万元的比例为 10.3%，注册资本/投入资金在 50 万~100 万元的比例为 2.3%，注册资本/投入资金在 100 万元以上的比例为 1.1% （见表 11-16）。

表 11-16 注册资本/投入资金情况

单位：人，%

投入额度	数量	占比	累积占比
5000 元及以下	55	31.4	31.4
5000~1 万元	30	17.1	48.6
1 万~5 万元	47	26.9	75.4
5 万~10 万元	19	10.9	86.3
10 万~50 万元	18	10.3	96.6
50 万~100 万元	4	2.3	98.9
100 万元以上	2	1.1	100.0
合 计	175	100.0	—

3. 注册资本来源途径

从第一重要的注册资本/投入资金筹集渠道来看，77.1% 的人选择个人/亲属，10.9% 的人选择本人亲属，6.3% 的人选择亲密朋友，2.3% 的人选择银行贷款，1.7% 的人选择配偶亲属，1.1% 的人选择生意伙伴，0.6% 的人选择一般朋友。从第二重要的注册资本/投入资金筹集渠道来看，60.8% 的人选择本人亲属，16.5% 的人选择配偶亲属，10.3% 的人选择个人/家庭，4.1% 的人选择亲密朋友，3.1% 的人选择生意伙伴，各有 2.1% 的人选择一般朋友和银行贷款，1.0% 的人选择其他渠道。从第三重要的注册资本/投入资金筹集渠道来看，34.4% 的人选择配偶亲属，

23.4%的人选择亲密朋友，10.9%的人选择一般朋友，9.4%的人选择本人亲属，各有6.3%的人选择银行贷款和其他渠道，各有3.1%的人选择个人/家庭、生意伙伴和其他社会关系（见表11-17）。可见，在第一重要的注册资本/投入资金筹集渠道中，选择个人/家庭的比例最高；在第二重要的注册资本/投入资金筹集渠道中，选择本人亲属的比例最高；在第三重要的注册资本/投入资金筹集渠道中，选择配偶亲属的比例最高。

表 11-17 注册资本/筹集资金渠道

单位：人，%

渠　道	第一重要		第二重要		第三重要	
	数量	占比	数量	占比	数量	占比
个人/家庭	135	77.1	10	10.3	2	3.1
本人亲属	19	10.9	59	60.8	6	9.4
配偶亲属	3	1.7	16	16.5	22	34.4
亲密朋友	11	6.3	4	4.1	15	23.4
一般朋友	1	0.6	2	2.1	7	10.9
生意伙伴	2	1.1	3	3.1	2	3.1
其他社会关系	0	0	0	0	2	3.1
银行贷款	4	2.3	2	2.1	4	6.3
风险投资	0	0	0	0	0	0
其他	0	0	1	1.0	4	6.3
合　计	175	100.0	97	100.0	64	100.0

按照"第一重要赋3分，第二重要赋2分，第三重要赋1分"的赋分原则，分别计算第一、第二、第三重要原因中各选项的加权得分，然后进行加总，从而可以计算不同选项的得分排序情况。统计结果表明，个人/家庭得分为255.0分，本人亲属得分为163.7分，配偶亲属得分为72.5分，亲密朋友得分为50.5分，银行贷款得分为17.4分，一般朋友得分为16.9分，生意伙伴得分为12.6分，其他渠道得分为8.3分，其他社会关系得分为3.1分，风险投资得分为0分（见表11-18）。可见，家庭、亲属和好朋友是广东雇主/自雇就业者融资的主要渠道，其中个人/家庭、本人亲属、配偶亲属和亲密朋友是最重要的四个融资渠道。

表 11 – 18　注册资本/筹集资金渠道汇总情况

单位：分

渠道	第一重要		第二重要		第三重要	汇总	排序
	得分	加权得分	得分	加权得分	加权得分	得分	
个人/家庭	77.1	231.3	10.3	20.6	3.1	255.0	1
本人亲属	10.9	32.7	60.8	121.6	9.4	163.7	2
配偶亲属	1.7	5.1	16.5	33.0	34.4	72.5	3
亲密朋友	6.3	18.9	4.1	8.2	23.4	50.5	4
银行贷款	2.3	6.9	2.1	4.2	6.3	17.4	5
一般朋友	0.6	1.8	2.1	4.2	10.9	16.9	6
生意伙伴	1.1	3.3	3.1	6.2	3.1	12.6	7
其他	0	0	1.0	2.0	6.3	8.3	8
其他社会关系	0	0	0	0	3.1	3.1	9
风险投资	0	0	0	0	0	0	10

（二）从业原因

就选择从事目前行业经营的原因来看，在第一重要原因中，33.7%的人是因为有类似经验，20.0%的人是因为有亲朋提供资源，各有14.3%的人是因为有技术背景或没有更好的工作，9.7%的人是因为开业容易，6.9%的人是出于其他原因，1.1%的人是因为失去土地，没有一人是因为政府支持。在第二重要原因中，25.0%的人是因为开业容易，24.2%的人是因为有技术背景，15.9%的人是因为亲朋提供资源，12.9%的人是因为有类似经验，12.1%的人是因为没有更好的工作，6.8%的人是出于其他原因，3.0%的人是因为失去土地，没有一人是因为政府支持。在第三重要原因中，33.7%的人是因为没有更好的工作，17.4%的人是因为开业容易，16.3%的人是出于其他原因，12.0%的人是因为有技术背景，9.8%的人是因为有类似经验，7.6%的人是因为有亲朋提供资源，2.2%的人是因为失去土地，1.1%的人是因为政府支持（见表11 – 19）。

表 11 – 19　从事目前经营的原因分布

单位：人，%

原　因	第一重要		第二重要		第三重要	
	数量	占比	数量	占比	数量	占比
有类似经验	59	33.7	17	12.9	9	9.8
有技术背景	25	14.3	32	24.2	11	12.0
亲朋提供资源	35	20.0	21	15.9	7	7.6

续表

原　因	第一重要		第二重要		第三重要	
	数量	占比	数量	占比	数量	占比
开业容易	17	9.7	33	25.0	16	17.4
没有更好的工作	25	14.3	16	12.1	31	33.7
政府支持	0	0	0	0	1	1.1
失去土地	2	1.1	4	3.0	2	2.2
其他	12	6.9	9	6.8	15	16.3
合　计	175	100.0	132	100.0	92	100.0

　　按照"第一重要赋3分，第二重要赋2分，第三重要赋1分"的赋分原则，分别计算第一、第二、第三重要原因中各选项的加权得分，然后进行加总，从而可以计算不同选项的得分排序情况。统计结果表明，有类似经验的得分为136.7分，有技术背景的得分为103.3分，没有更好的工作的得分100.8分，亲朋提供资源的得分为99.4分，开业容易的得分为96.5分，其他原因的得分60.6分，失去土地的得分为11.5分，政府支持的得分为1.1分（见表11－20）。可见，前期的经验积累和技术背景，再加上没有更好的工作是雇主/自雇就业者选择目前行业最重要的三项因素。这表明，多数人选择雇主/自雇就业主要是从自身主客观原因出发。

表 11－20　从事目前经营的原因汇总

单位：分

原　因	第一重要		第二重要		第三重要	汇总	排序
	得分	加权得分	得分	加权得分	加权得分	得分	
有类似经验	33.7	101.1	12.9	25.8	9.8	136.7	1
有技术背景	14.3	42.9	24.2	48.4	12.0	103.3	2
没有更好的工作	14.3	42.9	12.1	24.2	33.7	100.8	3
亲朋提供资源	20.0	60.0	15.9	31.8	7.6	99.4	4
开业容易	9.7	29.1	25.0	50.0	17.4	96.5	5
其他	6.9	30.7	6.8	13.6	16.3	60.6	6
失去土地	1.1	3.3	3.0	6.0	2.2	11.5	7
政府支持	0	0	0	0	1.1	1.1	8

（三）创业初期的客户对象

　　创业初期，大多数的雇主/自雇就业者面临的生意竞争比较激烈。调查结果显示，半数以上（54.3%）的雇主/自雇就业者表示第一年的生意竞争激烈（其中"非常激烈"占 16.8% ，"比较激烈"占 37.5% ），不太激烈的比例为 30.3% ，根本不激烈的比例为 4.3% ，没有竞争压力的比例为 9.1% ，还有 1.9% 表示不好说。

创业初期，大多数雇主/自雇就业者所在企业的经营层次较低，服务对象以个体消费者和私营企业为主，而规模较大、实力较强和购买力较充裕的党政机关、企事业单位和各类合资企业与雇主/自雇企业之间的生意往来较少。调查结果表明，雇主/自雇就业者第一年所做生意的渠道依次为：个人/顾客占 69.2% ，个体经营占 48.1% ，私营企业占 17.2% ，外资/合资企业占 2.9% ，国有企业占 2.9% ，集体企业占 2.9% ，事业单位占 2.4% ，党政机关占 1.4% ，股份制企业占 1.4% ，境外企业占 0.5% （见表 11－21）。

表 11－21　服务对象

单位：人，%

类　　别	数量	占比	类别	数量	占比
个人/顾客	144	69.2	集体企业	6	2.9
个体经营	100	48.1	事业单位	5	2.4
私营企业	36	17.2	党政机关	3	1.4
外资/合资企业	6	2.9	股份制企业	3	1.4
国有企业	6	2.9	境外企业	1	0.5

调查结果还表明，创业初期，近四成四的雇主/自雇就业者没有领取营业执照，领取营业执照的雇主/自雇就业者只占 56.5% 。可见，相当部分的雇主/自雇就业者的经营状态处在"非法"的经营状态，这与地方政府宽松的监管制度和广东开放的市场环境有关。

在有营业执照的雇主/自雇就业者中，雇主/自雇就业者从申请到领取营业执照平均经过了 37.3 天，也即雇主/自雇就业者从申请到领取营业制造平均耗时在 1 个月以上，最长耗时 720 天。

（四）资产管理

1. 资产经营情况

雇主/自雇就业者现有个人资产总额平均为 193.8 万元（标准差为 2013.1 万元），个人资产总额最高为 25000 万元；平均资产负债为 3.01 万元（标准差为 9.49 万元），个人负债最多为 55 万元；上一年经营净收入平均为 4.91 万元（标准差为 8.78 万元），经营净收入最高为 72 万元，最

少的为 - 20 万元。可见，广东雇主/自雇者的个人总资产平均高达将近 200 万元，但个人资产总额差异很大；负债情况不严重，雇主/自雇就业的平均负债只有 3 万元多一点，最高负债也只有 55 万元，这表明大多数广东雇主/自雇就业者的经营和管理较为平稳，不存在大规模负债经营的状况；企业盈利情况一般，广东雇主/自雇就业者上一年经营净收入不高，平均不到 5 万元，最高才 72 万元。

2. 合伙经营情况

雇主/自雇产权形式主要是独资经营，独资经营的比例为 85.8% （151 人），合资经营的比例只有 14.2% （25 人）。

在合资经营企业中，平均有 1.59 位企业（法人）投资者，最多有 5 位企业（法人）投资者。其中，企业（法人）投资者为 0 人的比例为 18.5%，企业（法人）投资者有 1 人的比例为 22.2%，企业（法人）投资者有 2 人的比例为 48.1%，企业（法人）投资者有 3 人的比例为 7.4%，企业（法人）投资者有 5 人的比例为 3.7%。平均有 2.3 位个人（自然人）投资者，最多有 6 位，最少有 1 位。其中，个人（自然人）投资者为 1 人的比例为 14.8%，个人（自然人）投资者为 2 人的比例为 63.0%，个人（自然人）投资者为 3 人的比例为 11.1%，个人（自然人）投资者为 4 人、5 人和 6 人的比例各为 3.7%。雇主/自雇者所占股份比例平均为 41.8%，最高股份为 60.0%，最少为 10.0%。其中，所占股份为 10.0%、20.0%、30.0% 和 33.33% 的比例各为 7.7%，所占股份比例为 40.0% 的占 3.8%，所占股份为 50.0% 的比例为 61.5%，所占股份为 60% 的比例为 3.8%。

在合资经营的自雇/自雇企业中，合作者是夫妻的比例为 54.5%，合作者是父母子女的比例为 12.1%，合作者是兄弟姐妹的比例为 9.1%，合作者是亲戚的比例为 6.1%，合作者是朋友的比例为 33.3%，合作者是其他的比例为 3.0%，合作者是乡亲的比例为 0% （见表 11 - 22）。

表 11 - 22　经营者与合作者之间的关系

单位：人，%

合作者	数量	占比	合作者	数量	占比
夫妻	18	54.5	乡亲	0	0
父母子女	4	12.1	朋友	11	33.3
兄弟姐妹	3	9.1	其他	1	3.0
亲戚	2	6.1			

（五）工作时间、应酬与兼职

1. 工作时间

调查结果表明，雇主/自雇就业者上一周平均工作时间为 53.6 个小时（标准差为 26.5 个小时），按照一周 5 天工作制计算的话，平均每天工作时间超过 10 个小时，其中最长工作时间为 108.5 个小时，按照一周工作 7 天计算的话，平均每天工作时间为 15.5 个小时。此外，上周工作时间在 40 个小时以下的比例为 24.0%，40 个小时的比例为 4.7%，40 个小时以上的比例为 71.3%。

上一个月平均工作时间为 26.9 天（标准差为 6.4 天），按照一个月 4 周计算，那么雇主/自雇就业者平均每周休息时间不到 1 天。其中工作时间最长为 31 天，这意味着整月无休。此外，上个月工作时间在 22 天以下的比例为 13.1%，22 天的比例为 1.7%，22 天以上的比例为 85.1%（见表 11 – 23）。

表 11 – 23　工作时间

单位：人，%

上周工作时间			上月工作时间			上一年工作时间		
时间	数量	占比	时间	数量	占比	时间	数量	占比
40 个小时以下	41	24.0	22 天以下	23	13.1	12 个月以下	24	13.8
40 个小时	8	4.7	22 天	3	1.7	12 个月	150	86.2
40 个小时以上	122	71.3	22 天以上	149	85.1	合　计	174	100.0
合　计	171	100.0	合　计	175	100.0	—	—	—

上一年平均工作时间为 11.6 个月（标准差为 1.5 个月），最长工作时间为 12 个月。上一年工作时间在 12 个月以下的比例为 13.8%，12 个月的比例为 86.2%。

2. 应酬与兼职

绝大部分雇主/自雇就业者在上一年中因生意跟政府打交道的频率很低，其中 85.1% 的人上一年因生意跟政府打交道平均每月 1 次或没有，平均每月 2 次的比例为 5.7%，平均每月 3 次的比例为 2.9%，平均每月 4 次的比例为 2.3%，平均每月 5 次及以上的比例为 4.0%。

雇主/自雇就业者在外兼职的比例很低，只有 4.0% 的人在外有兼职，没有兼职的比例为 96.0%。上个月，有兼职行为的雇主/自雇就业者兼职收入平均为 700 元（标准差为 644.5 元），最高为 1700 元。

（六）员工管理

不到二成五（24.7%）的雇主/自雇就业者目前有雇员，没有雇员的比例为 75.3%。从雇员来源途径来看，22.4% 的企业中员工招聘是经人介绍，12.1% 的企业中员工招聘大部分是经人介绍，15.5% 的企业中员工招聘小部分是经人介绍，此外，50.0% 的企业中员工招聘无一人是经人介绍。

在有雇员的企业中，雇员人数平均为 5.4 人（标准差为 7.5 人），最多为 35 人，最少为 1 人；其中亲属雇员平均为 1.3 人（标准差为 1.8 人），最多为 10 人；男性雇员平均为 3.2 人（标准差为 4.9 人），最多为 23 人；女性雇员平均为 2.4 人（标准差为 3.2 人），最多为 15 人。

在雇主/自雇就业者所在企业中，口头协议是最主要的劳动雇佣方式。其中，通过口头协议订立劳动合同的方式占 74.4%，通过文字合同订立劳动合同的比例为 23.3%，还有 2.3% 通过其他方式订立劳动合同。

上个月，雇员平均工作时间为 23.8 个小时（标准差为 8.6 个小时），最长为 48 个小时，最少为 3 个小时；平均每周加班时间为 2.5 个小时（标准差为 6.4 个小时），最长为 28 个小时。上个月，雇主/自雇就业者支付给雇员的最高工资平均为 2832.5 元（标准差为 1714.3 元），最低工资平均为 1664.1 元（标准差为 833.1 元）。

过去一年，雇主/自雇就业者生意中用工成本占总产值的比例平均为 36.6%（标准差为 27.9%），缴纳税费占经营总额的比例平均为 14.3%（标准差为 11.8%）。

（七）客户经营

1. 客户关系

近六成五（64.4%）的雇主/自雇就业者开始做生意时，没有人主动给自己提供生意项目，超过三成五（35.6%）的雇主/自雇就业者表示有人主动给自己提供生意项目，其中 5.9% 的雇主/自雇就业者表示有 1 人主动给自己提供生意项目，8.0% 的雇主/自雇就业者表示有 2 人主动给自己提供生意项目，7.4% 的雇主/自雇就业者表示有 3 人主动给自己提供生意项目，14.3% 的雇主/自雇就业者表示有 4 人及以上主动给自己提供生意项目，

从雇主/自雇就业者与主动给自己提供生意项目的关系情况来看，80.3% 的雇主/自雇就业者表示与提供生意的人认识，不认识的比例占 19.7%。可见，八成以上的雇主/自雇就业者与主动给自己提供生意项目的

人在有业务往来以前就已经建立了良好的关系。这在某种程度上也表明，大多数雇主/自雇就业者创业之前已经占有了一定的业务网络，并与客户之间建立了良好的合作关系。

雇主/自雇就业者与生意客户之间的熟悉程度较高。调查结果表明，近六成（58.7%）的雇主/自雇就业者与生意客户之间很熟悉，其中熟极了的比例为15.9%，很熟的比例为42.9%；34.9%的雇主/自雇就业者与生意客户之间较熟，不太熟的比例为6.3%，不熟的比例为0%。

生意客户比例为34.9%，非生意客户比例为65.1%。其中，雇主/自雇就业者与生意客户之间亲密极了的比例为6.9%，很亲密的比例为44.8%，较亲密的比例为19.0%，不太亲密的比例为27.6%，不亲密的比例为1.7%。

同事客户比例为17.7%，非同事客户比例为82.3%。其中，雇主/自雇就业者与同事客户之间信任极了的比例为5.2%，很信任的比例为43.1%，较信任的比例为51.7%。

2. 客户分布

从雇主/自雇就业者与给自己介绍生意的人之间的关系情况来看，亲属关系比例最高，35.6%的人与给自己介绍生意的人之间是亲属关系，其次是亲密朋友，所占比例为34.7%，再次是一般朋友，所占比例为29.2%，排第四位的是家人，占22.3%。此外，其他关系类型依次为：生意/项目伙伴占19.8%，邻里占14.4%，同学占13.4%，同乡占11.9%，同事占6.4%，间接关系占5.0%，其他占4.5%，战友占2.5%，师生占0.5%，师徒占0.5%（见表11-24）。

表 11-24　雇主/自雇就业者与生意客户的关系类型

单位：人，%

关系类型	数量	占比	关系类型	数量	占比
亲属	72	35.6	同事	13	6.4
亲密朋友	70	34.7	间接关系	10	5.0
一般朋友	59	29.2	其他	9	4.5
家人	45	22.3	战友	5	2.5
生意/项目伙伴	40	19.8	师生	1	0.5
邻里	29	14.4	师徒	1	0.5
同学	27	13.4	没有人介绍	69	34.2
同乡	24	11.9			

雇主/自雇就业者的生意客户以个体私营企业主居多，首先是个体经营户占84.6%，其次是在私营企业工作的占49.6%，再次是在国有企业工作的占18.7%，最后是在集体企业工作的占17.9%。其他依次为：党政机关占9.8%，事业单位占9.0%，外资/合资企业占4.9%，股份制企业占4.1%，企业家协会占3.3%，工商联占2.5%，行业协会占1.6%，专业协会占1.6%（见表11-25）。此外，调查结果还表明，在上述生意客户中，92.3%的人没有在中央部门工作。

表 11 - 25 关系客户的工作单位性质

单位：人，%

单位性质	数量	占比	企业	数量	占比
个体经营	104	84.6	外资/合资企业	6	4.9
私营企业	61	49.6	股份制企业	5	4.1
国有企业	23	18.7	企业家协会	4	3.3
集体企业	22	17.9	工商联	3	2.5
党政机关	12	9.8	行业协会	2	1.6
事业单位	11	9.0	专业协会	2	1.6

（八）关系与生意评价

调查结果表明，近七成（69.8%）的雇主/自雇就业者认为"找了关系帮忙，但没有什么作用"不符合自己做生意时人际关系的作用，30.2%的雇主/自雇就业者认为"找了关系帮忙，但没有什么作用"符合自己做生意时人际关系的作用；52.9%雇主/自雇就业者认为"有的关系起了作用，但不是决定性的"符合自己做生意时人际关系的作用，47.1%的雇主/自雇就业者认为"有的关系起了作用，但不是决定性的"不符合自己做生意时人际关系的作用；72.9%的雇主/自雇就业者认为"起关键作用的只有一个关系"不符合自己做生意时人际关系的作用，27.1%的雇主/自雇就业者认为"起关键作用的只有一个关系"符合自己做生意时人际关系的作用（见表11-26）。

可见，近七成的雇主/自雇就业者不认可"找了关系帮忙，但没起什么作用的观点"，在做生意时找了关系帮忙，会对雇主/自雇就业者的生意有支持作用；半数以上的雇主/自雇就业者认可做生意时"有的关系起了作用，但不是决定性的"，这意味着关系跟公司品牌、产品质量、技术水平、制度契约等因素一样对雇主/自雇就业者做生意有决定性作用；超过七成的雇主/自雇就业者不认可"起关键作用的只有一个关系",而多种关系类型或多种关系来源才是决定做生意成败的关键因素。

表 11 - 26 关系与生意评价

单位:人,%

评 价	符合		不符合	
	数量	占比	数量	占比
找了关系帮忙,但没有什么作用	61	30.2	141	69.8
有的关系起了作用,但不是决定性的	109	52.9	97	47.1
起关键作用的只有一个关系	55	27.1	148	72.9

第二节 有工作但不在岗劳动者

正常休假(含调休或寒暑假)是不在岗就业者上周未上班的主要原因,所占比例为 45.9%。此外,各有 5.4% 的人由于计划改变、原材料短缺、没有订单暂不开工,工作时间和工作要求比较宽松,等着开始一份新的工作没有上班,10.8% 的人为了照顾小孩上周没有上班,各有 2.7% 的人因为天气原因影响工作、休产假/待产没有上班,13.5% 的人因为伤病没有上班,8.1% 的人出于其他原因没有上班(见表 11 - 27)。

表 11 - 27 上周没有上班原因

单位:人,%

原 因	数量	占比	累积占比
由于计划改变、原材料短缺、没有订单暂不开工	2	5.4	5.4
工作时间和工作要求比较宽松	2	5.4	10.8
等着开始一份新的工作	2	5.4	16.2
为了照顾小孩	4	10.8	27.0
天气原因影响工作	1	2.7	29.7
休产假/待产	1	2.7	32.4
伤病	5	13.5	45.9
其他	3	8.1	54.1
正常休假(调休或寒暑假)	17	45.9	100.0
合 计	37	100.0	

调查结果表明，在37个不在岗在业者样本中，33.3%的人上周没有工作但有工资，66.7%没有工作也没有工资；63.6%的人表示雇主给了一个明确的时间让自己回去工作，36.4%的人表示没有；27.3%的人表示听到一些关于自己将在半年内返回原单位工作的消息，72.7%的人表示没有；63.6%的人表示如果上周自己被通知继续去上班能够去得了，36.4%的人表示去不了。

造成自己不能返回原单位工作的原因主要有：9.1%的人表示仍然有伤病，27.3%的人表示仍然要照顾小孩，63.6%的人表示是其他原因。

调查结果还表明，100.0%的人尽管希望继续有一份工作，但在过去的4周内没有人找其他工作。到上周为止，不在岗在业者不工作的时间，以周计算的话，平均为3.2周，以月计算的话，平均为1.8个月，以年计算的话，平均为0.5年。

绝大部分（90.9%）不在岗在业者表示自己不在岗的工作是全职工作，只有9.1%的人表示不在岗工作是非全职工作。

第三节 无工作者

一 无工作时间

2008年金融危机以后结束工作的比例最高，38.8%的无工作者的上一份工作是在2008年以后结束的。此外，17.6%的无工作者的上一份工作是在1978~2000年结束的，21.6%的无工作者的上一份工作是在2001~2005年结束的，14.0%的无工作者的上一份工作是在2006~2008年结束的，还有7.9%的无工作者一直都没有工作过（见表11-28）。

表11-28　工作时间

单位：人，%

时 间	数量	占比	累积占比
没有工作过	22	7.9	7.9
1978~2000年	49	17.6	25.5
2001~2005年	60	21.6	47.1
2006~2008年	39	14.0	61.2
2008年以后	108	38.8	100.0
合 计	278	100.0	—

二　不工作的原因

因私人原因而不做上一份工作的比例最高。调查结果表明，37.5%的无工作者因个人或家庭原因（包括怀孕、结婚、带孩子、家务劳动等）而未做上一份工作，其他依次为：退休占16.8%，自己辞职占12.1%，健康原因占9.8%，企业/单位倒闭占7.8%，土地被征收占3.9%，企业/单位裁员占2.7%，其他原因占2.7%，合同到期占2.3%，季节性、阶段性工作已完成占2.0%，选择提早退休占1.2%，被辞退/开除占0.8%，返回学校占0.4%（见表11－29）。

表 11 －29　不工作原因

单位：人，%

原　　因	数量	占比
个人或家庭原因（包括怀孕、结婚、带孩子、家务劳动等）	96	37.5
退休	43	16.8
自己辞职	31	12.1
健康原因	25	9.8
企业/单位倒闭	20	7.8
土地被征收	10	3.9
企业/单位裁员	7	2.7
其他原因	7	2.7
合同到期	6	2.3
季节性、阶段性工作已完成	5	2.0
选择提早退休	3	1.2
被辞退/开除	2	0.8
返回学校	1	0.4
合　　计	256	100.0

家庭其他成员抚养是无工作者在未工作期间最主要的生活费用来源。在无工作期间，14.2%的人主要依靠离、退休费生活，2.2%的人主要依靠下岗生活费生活，0.4%的人主要依靠失业救济金生活，2.9%的人主要依靠社会救济生活，23.3%的人主要依靠积蓄生活，2.2%的人主要依靠亲友接济生活，9.1%的人主要依靠临时性工作收入生活，70.9%的人主要依靠其他家庭成员的收入生活，0.4%的人主要依靠借债生活，还有7.6%的人主要依靠其他途径生活。

三 未来规划

八成（81.8%）以上的无工作者自从上一份工作结束/全日制教育结束后没有找过工作，只有18.2%的无工作者自从上一份工作结束/全日制教育结束后找过工作。

从上一份工作结束/全日制教育结束后没有找过工作的第一原因来看，没有合适的工作占13.1%，找不到任何工作占3.1%，缺乏学历/技能/经验占3.5%，年龄太大占28.4%，为了照顾小孩占24.0%，为了照顾家中的其他人占6.1%，正在上学/培训占1.7%，受自身健康状况的限制占8.3%，其他原因占11.8%，没有人因为年龄太小或其他种类的歧视而没有工作。从第二原因来看，找不到任何工作占6.8%，缺乏学历/技能/经验占16.9%，年龄太大占11.9%，为了照顾小孩占22.0%，为了照顾家中的其他人占15.3%，正在上学/培训占1.7%，受自身健康状况的限制占16.9%，其他原因占8.5%，没有人因为没有合适的工作和年龄太小而没有找工作。在第三原因中，年龄太小占5.6%，年龄太大占11.1%，为了照顾小孩占33.3%，为了照顾家中的其他人占27.8%，受自身健康状况的限制占11.1%，其他占11.1%，没有人因为没有合适的工作、找不到任何工作、缺乏学历/技能/经验、其他种类的歧视和正在上学/培训而没有找工作（见表11 -30）。

表 11 – 30 近一个月以来未就业原因

单位：人，%

原　因	第一原因		第二原因		第三原因	
	数量	占比	数量	占比	数量	占比
没有合适的工作	30	13.1	0	0	0	0
找不到任何工作	7	3.1	4	6.8	0	0
缺乏学历/技能/经验	8	3.5	10	16.9	0	0
年龄太小	0	0	0	0	1	5.6
年龄太大	65	28.4	7	11.9	2	11.1
其他种类的歧视	0	0	0	0	0	0
为了照顾小孩	55	24.0	13	22.0	6	33.3
为了照顾家中的其他人	14	6.1	9	15.3	5	27.8
正在上学/培训	4	1.7	1	1.7	0	0
受自身健康状况的限制	19	8.3	10	16.9	2	11.1
其他	27	11.8	5	8.5	2	11.1
合　计	229	100.0	59	100.0	18	100.0

可见，在第一原因中，因年龄太大而没有找工作的比例最高，其次是为了照顾小孩。在第二原因中，为了照顾小孩而没有找工作的比例最高，其次是分别是缺乏学历/技能/经验和受自身健康状况的限制。在第三原因中，为了照顾小孩而没有找工作的比例最高，其次是为了照顾家中的其他人。

按照"第一原因赋 3 分，第二原因赋 2 分，第三原因赋 1 分"的赋分原则，分别计算第一、第二、第三重要原因中各选项的加权得分，然后进行加总，从而可以计算不同选项的得分排序情况。统计结果表明，为了照顾小孩得分为 149.3 分，年龄太大得分为 120.1 分，为了照顾家中的其他人得分为 76.7 分，受自身健康状况的限制得分为 69.8 分，其他原因得分为 63.5 分，缺乏学历/技能/经验分为 44.3 分，没有合适的工作得分为 39.3 分，找不到任何工作得分为 22.9 分，正在上学/培训得分为 8.5 分，年龄太小得分为 5.6 分，其他种类的歧视得分为 0 分（见表 11-31）。

表 11-31　近一个月以来未就业原因汇总

单位：分

原　因	第一重要		第二重要		第三重要	汇总得分	排序
	得分	加权得分	得分	加权得分	加权得分		
为了照顾小孩	24.0	72.0	22.0	44.0	33.3	149.3	1
年龄太大	28.4	85.2	11.9	23.8	11.1	120.1	2
为了照顾家中的其他人	6.1	18.3	15.3	30.6	27.8	76.7	3
受自身健康状况的限制	8.3	24.9	16.9	33.8	11.1	69.8	4
其他	11.8	35.4	8.5	17.0	11.1	63.5	5
缺乏学历/技能/经验	3.5	10.5	16.9	33.8	0	44.3	6
没有合适的工作	13.1	39.3	0	0	0	39.3	7
找不到任何工作	3.1	9.3	6.8	13.6	0	22.9	8
正在上学/培训	1.7	5.1	1.7	3.4	0	8.5	9
年龄太小	0	0	0	0	5.6	5.6	10
其他种类的歧视	0	0	0	0	0	0	11

可见，因为照顾小孩而未能工作的得分最高，这也表明越来越多的未工作者是因为照顾小孩而主动或被动选择不就业，某种程度上为了照顾小孩而不就业的多数是女性，在家庭和事业两者的抉择上，多数家庭是女性在家照顾小孩，而男性选择外出就业。其次是年龄太大而未能工作，身体衰老不得

不退出劳动力市场是不以人的主观意志为转移的，也符合劳动者生命周期发展的客观规律。再次是因为照顾家庭中的其他人而选择不就业，这种类型的未就业者也占有一定比例。

未就业者对于未来是否就业存在惯性依赖，未就业者中六成以上的人表示现在不想找一份全职或兼职工作，六成以上的人没有打算在接下来的一年中找工作。调查结果表明，当问到未就业者现在是否想要一份全职或兼职工作时，30.9%的人表示想要，60.9%的人表示不想要，8.3%的人表示要看情况。并且，26.1%的人表示打算在接下来的一年中找一份工作，63.5%的人不打算在接下来的一年中找一份工作，10.4%的人表示要看情况。

四 再就业打算

调查结果表明，自从上一份工作结束后，30.0%的人采用直接与某雇主/自雇联系/面试等途径来求职，4.0%的人通过找职业中介机构求职，18.0%的人采用参加人才招聘会的方式求职，48.0%的人通过找朋友或亲戚来求职，2.0%的人通过找学校的就业指导中心来求职，26.0%的人通过发简历或申请的方式去求职，12.0%的人利用看相关广告的方式求职，2.0%的人通过参加职业培训或课程来求职，12.0%的人采用其他与找工作相关的活动去求职，还有10.0%的人什么都没有做。

尽管超过七成的人表示一旦有工作机会就可以马上工作，但也有近三成的人表示即使有工作机会也不可以马上工作。调查结果表明，七成（71.4%）以上的人表示，在上周一旦给自己一个工作机会，可以马上开始工作，也有28.6%的人表示即使给自己一个工作机会，也不可以马上开始工作。

五 再就业时间安排

调查结果表明，如果以周作为找工作时间的基本单位，平均找工作时间为1.4周（标准差为1.4周），最长时间为4周；如果以月作为找工作时间的基本单位，平均找工作时间为1.4个月（标准差为1.9个月），最长时间为7个月；如果以年作为找工作时间的基本单位，平均找工作时间为5.2年（标准差为8.0年），最长为29年。

近六成（59.2%）的人是在寻找一份全职工作（每周工作时间35个小时以上），26.5%的人不是在找一份全职工作，还有14.3%的人表示是不是全职工作不重要。

第十二章
社会支持、价值观念与幸福感

劳动可以塑造社会成员的阶级意识，劳动也可以影响社会成员的价值判断和行为习惯，通过分析社会成员的社会参与、关系网络、价值观念和社会地位认知，可以更好地帮助我们了解和分析社会变迁和经济转型过程中广东居民的观念和心理。

第一节　社会参与和支持

一　政治参与

调查结果表明，六成四的人参加了所在村/居委会上次的选举活动，其中自己投票的比例为48.6%，家人代投票的比例为15.4%，没有去投票的比例为28.9%，被访者表示本题不适用的比例为7.1%（见表12 – 1）。

表 12 – 1　村/居委会投票情况

单位：人，%

投票情况	数量	占比	投票情况	数量	占比
自己投票	782	48.6	不适用	115	7.1
家人代投票	248	15.4	合　计	1610	100.0
没去投票	465	28.9			

二　交往网络

社会成员的交往网络之间存在一定差异，借钱网络中无朋友/熟人支持的比例最高。19.9%的劳动者表示在本地关系密切的人中，没有人可以借钱；其次是9.6%的劳动者表示在本地关系密切的人中，没有人可以讨论重要问题；7.7%的劳动者表示在本地关系密切的人中，没有人可以诉说心事；6.0%的劳动者表示在本地关系密切的人中，没有人可以给自己帮助和支持（见表12－2）。

表 12 － 2 交往网络

单位：人，%

选项	支持网络		倾诉网络		讨论网络		借钱网络	
	数量	占比	数量	占比	数量	占比	数量	占比
一个也没有	97	6.0	120	7.7	151	9.6	311	19.9
1~5 个	720	44.7	1116	71.2	1155	73.8	995	63.8
6~10 个	328	20.3	209	13.3	166	10.6	156	10.0
11~15 个	159	9.9	56	3.6	42	2.7	41	2.6
16 个及以上	308	19.1	66	4.2	52	3.3	56	3.6
合 计	1612	100.0	1567	100.0	1566	100.0	1559	100.0

此外，在支持网络中，有1~5个熟人/朋友的比例为44.7%，有6~10个熟人/朋友的比例为20.3%，有11~15个熟人/朋友的比例为9.9%，有16个及以上熟人/朋友的比例为19.1%。在倾诉网络中，有1~5个熟人/朋友的比例为71.2%，有6~10个熟人/朋友的比例为13.3%，有11~15个熟人/朋友的比例为3.6%，有16个及以上熟人/朋友的比例为4.2%。在讨论网络中，有1~5个熟人/朋友的比例为73.8%，有6~10个熟人/朋友的比例为10.6%，有11~15个熟人/朋友的比例为2.7%，有16个及以上熟人/朋友的比例为3.3%。在借钱网络中，有1~5个熟人/朋友的比例为63.8%，有6~10个熟人/朋友的比例为10.0%，有11~15个熟人/朋友的比例为2.6%，有16个及以上熟人/朋友的比例为3.6%。

三 组织支持

在需要时，社会成员可以得到工会帮助或支持的比例占13.1%，得到妇联帮助或支持的比例为9.8%，得到同乡会帮助或支持的比例为5.7%，得到志愿者团体帮助或支持的比例为4.7%，得到党组织帮助或支持的比例为12.6%，得到政府帮助或支持的比例为25.7%（见表12－3）。

表 12 - 3　组织支持

单位：人，%

类　别	有帮助或支持		没有帮助或支持	
	数量	占比	数量	占比
政府	413	25.7	1195	74.3
工会	210	13.1	1388	86.9
党组织	203	12.6	1408	87.4
妇联	157	9.8	1450	90.2
同乡会	92	5.7	1518	94.3
志愿者团体	76	4.7	1532	95.3

可见，当社会成员需要支持或帮助时，政府出手给予扶持的可能性最大，近二成六的人表示在需要时能够得到政府的支持或帮助；其次是工会，超过一成三的人在需要时可以得到工会的支持或帮助；再次是党组织，近一成三的人表示党组织在自己有需要时能够给予支持或帮助。

四　就餐交往

六成以上的被访者工作日在外晚餐、休息日在外晚餐、请人在外就餐、被人请在外就餐和陪朋友在外就餐的频率很低。其中，62.9%的被访者工作日较少在外晚餐，67.6%的被访者休息日较少在外晚餐，67.6%的被访者较少请人在外就餐，60.1%的被访者较少被人请在外就餐，62.1%的被访者较少陪朋友在外就餐（见表 12 - 4）。

表 12 - 4　就餐交往

单位：人，%

选项	从不		很少		有时		较多		经常		不适用	
	数量	占比	数量	占比	数量	占比	数量	占比	数量	占比	数量	占比
工作日在外晚餐	582	36.1	432	26.8	276	17.1	40	2.5	142	8.8	139	8.6
休息日在外晚餐	620	38.5	468	29.1	273	16.9	40	2.5	86	5.3	124	7.7
请人在外就餐	591	36.7	497	30.9	396	24.6	60	3.7	44	2.7	21	1.3
被人请在外就餐	451	28.0	517	32.1	487	30.2	73	4.5	63	3.9	19	1.2
陪朋友在外就餐	493	30.6	507	31.5	449	27.9	77	4.8	65	4.0	19	1.2

各种在外就餐的具体结果如下：工作日从不在外晚餐的比例为36.1%，很少参加的比例为26.8%，有时参加的比例为17.1%，较多参加的比例为2.5%，经常参加的比例为8.8%，不适用的比例为8.6%；休息日从不在外晚餐的比例为38.5%，很少参加的比例为29.1%，有时参加的比例为16.9%，较多参加的比例为2.5%，经常参加的比例为5.3%，不适用的比例为7.7%；从不请人在外就餐的比例为36.7%，很少请人的比例为30.9%，有时请人的比例为24.6%，较多请人的比例为3.7%，经常请人的比例为2.7%，不适用的比例为1.3%；从不被人请在外就餐的比例为28.0%，很少被人请的比例为32.1%，有时被人请的比例为30.2%，较多被人请的比例为4.5%，经常被人请的比例为3.9%，不适用的比例为1.2%；从不陪朋友在外就餐的比例为30.6%，很少陪朋友的比例为31.5%，有时陪朋友的比例为27.9%，较多陪朋友的比例为4.8%，经常陪朋友的比例为4.0%，不适用的比例为1.2%。

五　流动人口的社会交往与支持

跨县/市流动的非本地户口劳动者是广东劳动力市场的主要构成力量，他们与具有本地户籍且常住的劳动者不同，在工作行业、工作岗位、工作地点、人际交往、语言特征等方面具有自身特点。

调查结果表明，半数以上（52.6%）流动人口劳动者所在工作单位不是以本地人为主，流动人口劳动者所在工作单位以本地人为主的比例为30.4%，还有17.0%的流动人口劳动者表示该问题不适用自己。流动人口劳动者与所在单位的本地人交往较为频繁，彼此之间的关系较为融洽，近六成（59.7%）的流动人口劳动者与工作单位的本地人经常交往，有时交往的比例为16.9%，偶尔交往的比例22.1%，从不交往的比例只有1.3%。

相当比例的流动人口劳动者与本地人混合居住，近四成的流动人口劳动者与本社区的本地人交往密切。调查结果表明，46.6%的流动人口所居住社区是以本地人为主，44.6%的流动人口劳动者表示自己所居住社区中不是以本地人为主，还有8.8%的流动人口劳动者表示不清楚。此外，38.5%的流动人口劳动者与所居住社区的本地人经常交往，有时交往的比例为11.5%，偶尔交往的比例为44.8%，从不交往的比例为5.2%。

　　流动人口劳动者的本地语言水平较高，36.5% 的流动人口劳动者在日常生活和工作中都能听懂和流利地使用本地语言，21.4% 的流动人口劳动者在日常生活和工作中能听懂且会说一点本地语言，10.9% 的流动人口劳动者在日常生活和工作中勉强能够听懂本地语言，10.4% 的流动人口劳动者在日常生活和工作中勉强能够听懂一些本地语言，20.8% 流动人口劳动者根本不会本地语言。

第二节　价值观与幸福感

一　价值观念

　　赞成办喜事、开张和搬家都要选好日子的比例最高，其次是大多数人赞成命运要自己掌握，不能靠神；不赞成一个人应该有宗教信仰的比例最高，近六成一的劳动者不赞成一个人应该有宗教信仰。

　　八成八以上（88.6%）的劳动者赞成办喜事、开张、搬家都要选好日子，其中非常赞成的比例为 43.5%，比较赞成的比例为 45.1%，不太赞成的比例为 9.6%，非常不赞成的比例为 1.8%；八成六以上（86.1%）的劳动者赞成命运要自己掌握，不能靠神，其中非常赞成的比例为 39.6%，比较赞成的比例为 46.5%，不太赞成的比例为 11.8%，非常不赞成的比例为 2.0%；六成七的劳动者赞成建房、买房应该考虑风水，非常赞成的比例为 24.5%，比较赞成的比例为 42.5%，不太赞成的比例为 30.3%，非常不赞成的比例为 1.8%；三成九的劳动者赞成一个人应该有宗教信仰，其中非常赞成的比例为 5.9%，比较赞成的比例为 33.1%，不太赞成的比例为 51.1%，非常不赞成的比例为 9.4%（见表 12-5）。

表 12-5　价值观念

单位：人，%

项　目	非常赞成		比较赞成		不太赞成		非常不赞成	
	数量	占比	数量	占比	数量	占比	数量	占比
办喜事、开张、搬家都要选好日子	701	43.5	726	45.1	155	9.6	29	1.8
建房、买房应考虑风水	395	24.5	685	42.5	489	30.3	44	2.7
命运要自己掌握，不能靠神	639	39.6	750	46.5	191	11.8	33	2.0
一个人应该有宗教信仰	95	5.9	533	33.1	829	51.5	152	9.4

二 信仰情况

1. 民间信仰

给故去的亲人烧纸的被访者比例最高，87.9%的被访者会给故去的亲人烧纸，其次是65.2%的被访者会烧香拜佛，其他依次是61.5%的被访者会挑选黄道吉日行事，24.9%的被访者找会算命的人算命，24.7%的被访者会求签解签，20.3%的被访者会请人看风水（见表12-6）。

表 12-6 民间宗教行为

单位：人，%

类 别	做过		没有做过	
	数量	占比	数量	占比
给故去的亲人烧纸	1418	87.9	195	12.1
烧香拜佛	1052	65.2	561	34.8
挑选黄道吉日行事	992	61.5	620	38.5
找会算命的人算命	402	24.9	1211	75.1
求签解签	398	24.7	1213	75.3
请人看风水	327	20.3	1286	79.7

调查结果还表明，近六成（59.9%）的劳动者在15岁以前，自己的家人有民间信仰行为（如看风水、烧香拜佛、求签等）；40.1%的劳动者表示在15岁以前，自己的家人没有民间信仰行为（如看风水、烧香拜佛、求签等）。

2. 宗教信仰

绝大多数被访者没有宗教信仰，无宗教信仰的比例为85.9%，有宗教信仰的被访者占14.1%，其中10.3%的被访者信仰佛教，1.8%的人信仰道教，1.2%的人信仰基督教，各有0.3%的人信仰天主教和其他宗教，0.2%的人信仰伊斯兰教（见表12-7）。

绝大多数被访者从不参加宗教仪式或活动，从不参加宗教活动的比例为90.8%，只有9.2%的被访者会参加宗教活动，其中每天参加的比例为0.2%，每周参加一次的比例为0.4%，每周参加多次的比例为0.1%，每月参加一次的比例为0.7%，每月参加多次的比例为1.1%，一年参加一次的比例为1.9%，一年参加多次的比例为2.7%，几年参加一次的比例为2.0%。

表 12 − 7　宗教信仰

单位：人，%

宗教类别	数量	占比	参加宗教信仰活动频率	数量	占比
天主教	5	0.3	每天	4	0.2
基督教	20	1.2	每周一次	6	0.4
佛教	166	10.3	每周多次	2	0.1
道教	29	1.8	每月一次	12	0.7
伊斯兰教	3	0.2	每月多次	17	1.1
其他宗教	5	0.3	一年一次	31	1.9
无宗教信仰	1384	85.9	一年多次	43	2.7
合　计	1612	100.0	几年一次	32	2.0
—	—	—	从不参加	1455	90.8
—	—	—	合　计	1602	100.0

调查结果还表明，在 15 岁以前，被访者家人中有信仰天主教的比例为
0.4%，信仰基督教的比例为 1.0%，信仰佛教的比例为 12.3%，信仰道教
的比例为 2.2%，信仰伊斯兰教的比例为 0.3%，信仰其他宗教的比例为
0.4%，没有宗教信仰的比例为 83.7%。此外，在被访者的家人中，无人信
仰藏传佛教和东正教。

三　工作状况评价

调查结果表明，被访者对目前工作状况的整体满意度不到三成九，其中对
工作合作者的满意度最高，工作合作者的满意度为 45.8%；其次是对工作安全
性的满意度为 45.7%。其他各种工作状况满意度的情况依次为：他人给予工作
的尊重满意度为 46.0%，工作时间的满意度为 41.5%，工作环境的满意度为
40.8%，能力和技能使用的满意度为 38.3%，工作有趣的满意度为 36.3%，在工
作中表达意见的机会满意度为 30.3%，被访者收入的满意度为 16.9%，晋升机
会的满意度为 9.3%。此外，整体满意度为 38.9%（见表 12 − 8）。

表 12 − 8　工作满意情况

单位：人，%

项　目	非常满意		比较满意		一般		不太满意		非常不满意		不适用	
	数量	占比	数量	占比	数量	占比	数量	占比	数量	占比	数量	占比
收入	23	1.4	250	15.5	611	38.0	386	24.0	36	2.2	304	18.9
工作安全性	123	7.6	613	38.1	446	27.7	105	6.5	8	0.5	313	19.5
工作环境	81	5.0	576	35.8	489	30.4	143	8.9	8	0.5	313	19.4

续表

项 目	非常满意		比较满意		一般		不太满意		非常不满意		不适用	
	数量	占比	数量	占比	数量	占比	数量	占比	数量	占比	数量	占比
工作时间	75	4.7	591	36.8	436	27.1	181	11.3	10	0.6	314	19.5
晋升机会	15	0.9	135	8.4	309	19.2	215	13.4	13	0.8	920	57.2
工作有趣	48	3.0	374	23.3	561	34.9	221	13.8	15	0.9	388	24.1
工作合作者	113	7.0	624	38.8	356	22.2	45	2.8	4	0.2	465	28.9
能力和技能使用	73	4.5	542	33.8	517	32.2	72	4.5	3	0.2	398	24.8
他人给予工作的尊重	87	5.4	651	40.6	429	26.8	71	4.4	3	0.2	362	22.6
工作中表达意见的机会	71	4.4	416	25.9	441	27.5	109	6.8	5	0.3	562	35.0
整体满意度	52	3.2	573	35.7	570	35.5	95	5.9	2	0.1	313	19.5

四 生活满意度与幸福感

超过七成七的被访者满意自己目前的生活和境遇。其中非常满意的比例为4.4%，比较满意的比例为72.6%。对目前生活和境遇的不满意度为23.0%。其中比较不满意的比例为20.8%，非常不满意的比例为2.2%（见表12-9）。

表 12-9 生活满意度

单位：人，%

满意度	数量	占比	累积占比
非常满意	71	4.4	4.4
比较满意	1169	72.6	77.0
比较不满意	334	20.8	97.8
非常不满意	35	2.2	100.0
合 计	1609	100.0	

按照"没有那么幸福为1，更幸福为6进行评价"的赋分原则，调查结果表明，相比被访者大多数的同龄人，选择靠近没有那么幸福1和2的比例为10.8%，中间3和4的比例为67.4%，选择靠近更幸福5和6的比例为21.7%（见表12-10）。通过计算平均得分可以发现，与大多数同龄人相比，被访者的相对幸福感平均得分为3.67分（标准差为1.07分）。可见，近六成七被访者的相对幸福感持中间立场，这表明大多数被访者并不认为自

己没有同龄人那么幸福，也不认为自己比同龄人更幸福，而是介于没有那么
幸福和更幸福之间。

表 12 – 10　幸福感

单位：人，%

您觉得自己比大多数同龄人	没有那么幸福1	2	3	4	5	6 更幸福
数量	39	136	562	524	277	72
占比	2.4	8.4	34.9	32.5	17.2	4.5
总的来说,您认为自己的生活 是否过得幸福	很不幸福1	2	3	4	5	6 非常幸福
数量	31	108	473	564	347	85
占比	1.9	6.7	29.4	35.1	21.6	5.3

按照"很不幸福为 1，非常幸福为 6"的赋分原则，调查结果表明，
就自己目前生活的幸福度总体评价而言，选择靠近很不幸福 1 和 2 的比例
为 8.6%，中间 3 和 4 的比例为 64.5%，选择靠近更幸福 5 和 6 的比例为
26.9%。通过计算平均得分可以发现，与大多数同龄人相比，被访者的相
对幸福感平均得分为 3.84 分（标准差为 1.07 分）。可见，近六成五被访
者的幸福感处在中间位置，也即大多数劳动者既不认为自己很不幸福，也
不认为自己非常幸福，而是介于很不幸福和非常幸福之间，属于幸福感一
般。

此外，调查结果还表明，八成八以上的被访者表示自己近况较好，其中
认为自己近况还行的比例占 77.0%，认为自己近况很好的比例为 11.1%；
只有不到一成二的被访者认为自己的近况不好，其中 2.6% 的被访者认为自
己近况糟糕，9.3% 的被访者认为自己近况有点糟糕。

大多数被访者支持当前社会中人与人的信任度较高，七成四的被访者认
为当前大多数人是可以信任的，其中 71.0% 的被访者同意当前大多数人可
以信任，3.0% 的被访者非常同意当前大多数人可以信任；二成六的被访者
不同意当前大多数人可以信任，其中非常不同意大多数人可以信任的比例为
0.9%，不同意大多数人可以信任的比例为 25.1%。

五　地位评价

通过具体分析被访者从"最底层 1 到最顶层 10"之间的比例分布可以

发现：目前个人地位评价在 1～2 分的比例为 11.4%，2 年前为 14.6%，2 年后为 7.9%，14 岁时家庭地位评价在 1～2 分的比例为 41.8%。目前个人地位评价在 3～4 分的比例为 36.0%，2 年前为 43.7%，2 年后为 25.7%，14 岁时家庭地位评价在 3～4 分的比例为 35.3%。目前个人地位评价在 5～6 分的比例为 45.8%，2 年前为 35.9%，2 年后为 48.1%，14 岁时家庭地位评价在 5～6 分的比例为 18.5%。目前个人地位评价在 7～8 分的比例为 6.3%，2 年前为 5.0%，2 年后为 15.4%，14 岁时家庭地位评价为 3.5%。目前个人地位评价在 9～10 分的比例为 0.5%，2 年前为 0.6%，2 年后为 2.8%，14 岁时家庭地位评价为 0.9%（见表 12 –11）。

表 12 –11　地位评价

单位：人，%

地　位	14 岁时家庭地位		2 年前地位等级		目前个人地位		2 年后地位等级	
	数量	占比	数量	占比	数量	占比	数量	占比
1 最底层	250	15.5	75	4.6	61	3.8	41	2.5
2	424	26.3	162	10.0	123	7.6	87	5.4
3	367	22.8	314	19.5	241	14.9	167	10.4
4	202	12.5	391	24.2	340	21.1	246	15.3
5	223	13.8	415	25.7	557	34.5	456	28.3
6	76	4.7	165	10.2	183	11.3	319	19.8
7	35	2.2	49	3.0	63	3.9	164	10.2
8	21	1.3	32	2.0	38	2.4	84	5.2
9	6	0.4	6	0.4	5	0.3	31	1.9
10 最顶层	8	0.5	4	0.2	3	0.2	14	0.9
合　计	1612	100.0	1613	100.0	1614	100.0	1609	100.0
平均值（分）	3.18(1.73)		4.13(1.56)		4.39(1.52)		5.05(1.75)	

注：括号内数字为标准差。

通过计算地位评价的平均分可以发现，随着时间的推移，被访者的地位等级评分呈现出显著增加的发展趋势。14 岁时，被访者的家庭地位平均得分为 3.18 分，介于 3 分跟 4 分之间，属于社会的底层偏上；2 年前被访者个人地位平均得分为 4.13 分，介于 4 分跟 5 分之间，属于社会的下层偏上。目前个人地位平均得分为 4.39 分，介于 4 分跟 5 分之间，属于社会的下层偏上。2 年后个人地位平均得分为 5.05 分，属于社会的中层略微偏上。

可见，随着地位评价的时间向前推进，被访者的地位评价不断上升，由 14 岁时家庭地位等级的底层偏上到 2 年前、目前的下层偏上，最后到 2 年后的中层略微偏上，呈现出缓慢增长趋势。但总的来看，被访者的个人地位评价不高，地位评价得分均在 6 分以下。

六　社会选择自由度与社会公平感

目前，社会上一些人觉得可以完全自由地选择自己的生活，而有一些人则觉得对于发生在自己身上的事完全无能为力，按照 "1 是完全没有选择权，10 是有很大的选择权" 的赋分原则，当问到被访者对选择自己生活的自由程度时，选择 1 ~ 2 分的比例为 2.7%，选择 3 ~ 4 分的比例为 11.7%，选择 5 ~ 6 分的比例为 32.8%，选择 7 ~ 8 分的比例为 39.6%，选择 9 ~ 10 分的比例为 13.2%。按照 "1 ~ 2 分为很不自由，3 ~ 4 分不自由，5 ~ 6 分一般，7 ~ 8 分比较自由和 9 ~ 10 分非常自由" 的排序原则，认为社会选择不自由的比例为 14.4%（含很不自由和不自由），认为社会选择自由一般的比例为 32.8%，认为社会选择自由的比例为 52.8%。可见，半数以上的被访者认可在当下社会选择生活的自由度。

此外，半数以上的被访者认为当下社会比较公平，持完全不公平和完全公平立场的被访者所占比例很低。调查结果表明，认为比较公平的比例为 47.9%，认为完全不公平和完全公平的比例分别为 3.5% 和 3.9%，认为比较不公平的比例为 21.2%，认为说不上公平但也不能说不公平的比例为 23.5%（见表 12 - 12）。

表 12 - 12　社会公平感

单位：人，%

公平感	数量	占比	累积占比
完全不公平	56	3.5	3.5
比较不公平	341	21.2	24.7
说不上公平但也不能说不公平	378	23.5	48.2
比较公平	771	47.9	96.1
完全公平	63	3.9	100.0
合　计	1609	100.0	—

七 未来打算

稳定目前的工作且继续劳动是多数被访者当前的基本打算。调查结果表明，半数以上（57.4%）的被访者未来两年将继续目前的工作，12.4%的被访者打算两年内找一份新工作，5.5%的被访者打算退休，2.3%的被访者打算离职/半职回家照顾家人，1.5%的被访者计划参加在职培训，分别有0.4%的被访者计划离职生育子女和暂时离职一段时间后再继续工作，0.2%的被访者有其他打算，还有19.9%的被访者没有考虑过未来两年内的打算问题（见表12－13）。

表 12 – 13　未来打算

单位：人，%

未来两年内有何打算			打算找一份怎样的新工作		
类别	数量	占比	类别	数量	占比
继续目前的工作	914	57.4	私营企业主	3	10.7
参加在职培训	24	1.5	个体户主	6	21.4
离职脱产参加培训	0	0	各类专业技术人员	3	10.7
离职生育子女	7	0.4	机关企事业单位负责人	3	10.7
找一份新工作	197	12.4	办事人员	1	3.6
离职/半职回家照顾家人	37	2.3	技术工人	2	7.1
退休	88	5.5	非技术工人	0	0
没有考虑过	317	19.9	农民	3	10.7
暂时离职一段时间后在继续工作	6	0.4	商业和服务业人员	4	14.3
其他	3	0.2	不便分类的其他劳动者	1	3.6
合　计	1593	100.0	家务劳动及其他非劳动	2	7.1
—	—	—	合　计	28	100.0

至于打算寻找的新工作类型，调查结果表明，21.4%的人想成为个体户主，14.3%的人想从事商业和服务业，各有10.7%的人想成为私营企业主、各类专业技术人员、机关企事业单位负责人和农民，各有7.1%的人想从事技术工作和家务劳动及其他非劳动，各有3.6%的人想成为办事人员和不便分类的其他劳动者。

后　记

　　《广东民生报告：2012》根据"中山大学特色数据库——2011 年中国劳动力动态调查（广东试调查）"数据完成，由李超海执笔，蔡禾统筹和修改定稿。

　　"中山大学特色数据库——2011 年中国劳动力动态调查"得到了广东省社会工作委员会以及各调查所在地、市、县的社会工作委员会的大力支持，在此表示感谢！

　　"中山大学特色数据库——2011 年中国劳动力动态调查"由中山大学社会科学调查中心执行，参与本次调查的督导员、访问员和问卷录入员均来自于中山大学的本科生、研究生和博士生，感谢他们在数据收集和整理环节所付出的辛勤劳动！

　　责任编辑为本书的出版做了大量的工作，在此致以深深的谢意！

图书在版编目(CIP)数据

广东民生报告. 2012/李超海主编. —北京: 社会科学
文献出版社, 2013.7
ISBN 978 - 7 - 5097 - 4775 - 9

Ⅰ.①广… Ⅱ.①李… Ⅲ.①民政工作 - 研究报告 -
广东省 - 2012 Ⅳ.①D632

中国版本图书馆 CIP 数据核字 (2013) 第 142689 号

广东民生报告: 2012
————————————————

主　　编 / 李超海

出 版 人 / 谢寿光
出 版 者 / 社会科学文献出版社
地　　址 / 北京市西城区北三环中路甲 29 号院 3 号楼华龙大厦
邮政编码 / 100029

责任部门 / 社会政法分社 (010) 59367156　　　　责任编辑 / 曹义恒
电子信箱 / shekebu@ ssap. cn　　　　　　　　　　责任校对 / 师敏革
项目统筹 / 王　绯　　　　　　　　　　　　　　　责任印制 / 岳　阳
经　　销 / 社会科学文献出版社市场营销中心 (010) 59367081　59367089
读者服务 / 读者服务中心 (010) 59367028

印　　装 / 北京鹏润伟业印刷有限公司
开　　本 / 787mm × 1092mm　1/16　　　　　　印　张 / 13.25
版　　次 / 2013 年 7 月第 1 版　　　　　　　　　字　数 / 226 千字
印　　次 / 2013 年 7 月第 1 次印刷
书　　号 / ISBN 978 - 7 - 5097 - 4775 - 9
定　　价 / 58.00 元